LEICHTE BÜROKÜCHE

Sabine Huth-Rauschenbach

LEICHTE BÜROKÜCHE

Suppen, Sandwiches und Salate zum Vorbereiten

Mit Fotos von Cettina Vicenzino

Jan Thorbecke Verlag

VERLAGSGRUPPE PATMOS

PATMOS
ESCHBACH
GRÜNEWALD
THORBECKE
SCHWABEN

Die Verlagsgruppe
mit Sinn für das Leben

Wir danken der Firma Kivanta für die Bereitstellung von
Suppendosen und LunchBots Brotdosen.
Bei Kivanta dreht sich alles um schadstofffreie Lebens-
mittelaufbewahrung. Im Shop gibt es Dosen und Trink-
flaschen aus reinem Edelstahl in Kombination mit einer
Vielzahl an Deckeln und Aufsätzen für alle Anwendungs-
bereiche: Sport, Reisen, Kinder und vieles mehr.

Für die Schwabenverlag AG ist Nachhaltigkeit ein wichtiger
Maßstab ihres Handelns. Wir achten daher auf den Einsatz
umweltschonender Ressourcen und Materialien. Dieses
Buch wurde auf FSC®-zertifiziertem Papier gedruckt.
FSC (ForestStewardship Council®) ist eine nicht staatliche,
gemeinnützige Organisation, die sich für eine ökologische
und sozial verantwortliche Nutzung der Wälder unserer
Erde einsetzt.

Gestaltung: Finken & Bumiller, Stuttgart, Saskia Bannasch
Fotos: Cettina Vicenzino
Druck: Süddeutsche Verlagsgesellschaft, Ulm
Hergestellt in Deutschland
ISBN 978-3-7995-0504-8

Inhalt

Vorwort

08 .... Tipps für die Vorbereitung, den Transport,

die Lagerung sowie das Anrichten der Speisen

09 .... Basiszutaten für Kühlschrank und Gefrierfach

09 .... Für den Brotkasten, Vorratsschrank

oder Gefrierfach

10 .... Für den Vorratsschrank

13 .... Zum Selbermachen: Suppenbasis und Sodabrot

Die Rezepte

18 .... Frühling

40 .... Sommer

62 .... Herbst

86 .... Winter

104 .... Register

Vorwort

Wenn eines fantasie- sowie trostlos ist, dann jenes Essen, das der arbeitenden Bevölkerung heutzutage angeboten wird. Meist hat man nur die Wahl zwischen Fast Food, Kantinenessen, das manchmal ganz in Ordnung, oft aber ungenießbar ist, drögen Brötchen vom Bäcker oder dem Tagesgericht vom Metzger nebenan für 4,50 Euro. Unter den Top Five der meistkonsumierten Mittagessen liegen (laut Kantinenmarktführer Apetito) auf Platz eins Currywurst & Pommes, dicht gefolgt von Spaghetti Bolognese auf Platz zwei und Pizza auf dem dritten Platz. Kohlenhydrate? Ja. Fleisch? Ja. Gemüse? Vielleicht. Gesund? Nun ja. Mindestens fünf Mahlzeiten pro Woche nehmen wir am Arbeitsplatz ein. Die Gestaltung dieser Mahlzeiten sollte uns eigentlich genauso am Herzen liegen wie das selbstgekochte Menü, mit dem wir am Wochenende Freunde und Familie beeindrucken wollen. Dennoch tigern jeden Mittag Horden von arbeitenden Menschen auf der Suche nach Nahrung zur nächstgelegenen Imbissbude oder zum örtlichen Supermarkt und greifen voller Heißhunger meistens zum ungesunden, fetten, billigen Essen. Aber: Zu schweres Essen führt am frühen Nachmittag zu einem ernsthaften Leistungstief. Man ist müde, schlapp, unkonzentriert und schafft es erst mithilfe vieler Tassen Kaffee und mehreren Schokoriegeln wieder halbwegs fit zu werden. Insgesamt kein besonders überzeugendes Ernährungskonzept, oder?

Frisch gekocht! Saisonale Zutaten! Kein Einheitsbrei, sondern individueller Genuss! Diesen Trend haben, zu mindest in den Großstädten, innovative Imbissköche erkannt. Dort buhlen Bistros und Suppenläden mit gesunder, frischer Biokost um die Gunst der Mittagesser. Leider sind diese Läden relativ teuer. Und ein Großteil der Berufstätigen arbeitet nun mal nicht in einem hippen In-Viertel einer Großstadt, sondern in Industriegebieten mittlerer Kleinstädte. Und dort ist ein Chinaimbiss dann oft der kulinarische Höhepunkt. Was aber kann man tun, wenn man in der kulinarischen Einöde arbeitet? Einfach das Essen mal wieder Selbst zubereiten! Wer dies tut, hat die Qualität des Gerichts in der Hand, kann je nach Lust und Laune Bioprodukte verkochen, weiß genau, was drin ist, und wird bald merken: Selbst gemacht schmeckt einfach besser. Mit geringem Mehraufwand kann man sich so gesünder ernähren und tut auch gleich etwas für die schlanke Linie. Eigentlich ganz einfach!

Tipps für die Vorbereitung, den Transport, die Lagerung sowie das Anrichten der Speisen

Damit das Anrichten und Zubereiten von Speisen am Arbeitsplatz wirklich leicht von der Hand geht, ist eine kleine Grundausstattung hilfreich, der man Platz in einer Schreibtischschublade bzw. der Teeküche schafft – je nachdem, wie diese ausgestattet ist. Zumindest ein großer tiefer Teller, eine Müslischüssel, ein kleiner Dessertteller sowie Besteck und ein kleines, scharfes Obstmesser sollten für den persönlichen Gebrauch vorhanden sein. Ein Salz- sowie Pfefferstreuer zum Abschmecken der Gerichte ist ebenfalls eine lohnende Anschaffung. Ist keine Teeküche vorhanden, kann man den Arbeitgeber zumindest um die Anschaffung eines Wasserkochers bitten. Auch eine Mikrowelle findet meist in einer Ecke des Büros, der Werkstatt oder des Pausenraums Platz.

Ist am Arbeitsplatz keine Möglichkeit zum Aufwärmen von Speisen vorhanden und lässt sich diese auch nicht einrichten, empfiehlt sich der Kauf eines Thermosbehälters, zum Beispiel aus Edelstahl von LunchBots. Die Suppe kann dann schon während des Frühstücks oder Duschens aufgewärmt werden und wird erhitzt mitgenommen. Schön und farbenfroh sind auch chinesische Thermoskannen, die für den Transport von Suppe gedacht sind und oben eine entsprechend große Öffnung aufweisen. Jeder Speisenbehälter sollte nach Gebrauch spätestens am Abend gründlich mit Spülmittel und heißem Wasser gereinigt werden. Generell muss man bei der Mitnahme von Lebensmitteln immer auf gründliche Hygiene und die Einhaltung der Kühlkette achten, gerade in den Sommermonaten. Sofort nach der Zubereitung gehört jedes Sandwich, jeder Salat und auch jede Suppe (natürlich nicht glühend heiß!) in den Kühlschrank. Für den Transport empfiehlt sich – zumindest für die heißesten Tage des Jahres – die Anschaffung einer kleinen Kühltasche, vor allem, wenn vor Ort kein Kühlschrank vorhanden ist.

Beim Salattransport bitte beachten, dass bei Blattsalaten die Sauce immer getrennt vom Salat transportiert werden muss. Man sollte diesen erst kurz vor dem Verzehr anrichten. Die Säure des Essigs macht den Blattsalat nämlich matschig und wässrig. Rohkostsalate hingegen können schon vorher angemacht werden – die einzelnen »Konfigurationen« sind beim jeweiligen Rezept zu finden.

Auch für den Transport von Sandwiches sollte man sich geeignete Behälter besorgen, die das Brot und seine Bestandteile frisch halten. Nichts ist schlimmer als eine dröge Käsestulle oder ein in der Handtasche verteiltes Thunfischsandwich. Um den Umstieg von Fast und Convenience Food zu gesunder, schneller Büroküche leichter zu machen, kommen die Rezepte in diesem Buch fast immer ohne exotische Zutaten aus, können gut zu Hause vorbereitet werden und sind auch für Kochneulinge einfach nachzukochen. Damit es am nächsten Tag während der Mittagspause wirklich schnell geht, ist Planung das A und O. Folgende Liste an Basiszutaten enthält Lebensmittel, die sich vielseitig verwenden lassen, relativ lange lagerfähig sind und mit denen man – zusammen mit frischen saisonalen Zutaten – alle Rezepte in diesem Buch nachkochen kann. Nach einer Weile bekommt man sicherlich Lust, selber kreativ zu werden und eigene Sandwichvarianten zu kreieren. Ein Wort zu den Gewürzen: Kleinere Menge von Gewürzen kann man sich gut auf Märkten oder im Gewürzladen des Vertrauens besorgen.

Basiszutaten für Kühlschrank und Gefrierfach

> Maultaschen (vegetarisch oder vom Metzger)
> Butter
> Naturjoghurt
> Margarine
> Brie oder Camembert
> Parmesan
> Gorgonzola, Saint Agur oder Roquefort
> Feta
> Frischkäse
> Halloumi
> frische Hühnerbrust, portionsweise eingefroren
> Bacon, portionsweise eingefroren
> tiefgekühlte Kräuter

Für den Brotkasten, Vorratsschrank oder Gefrierfach

> Bauernbrot
> Vinschgerl zum Aufbacken
> Baguettebrötchen zum Aufbacken
> Toastbrot, tiefgekühlte Scheiben können einzeln entnommen werden,
  zum Beispiel Roggen- oder Vollkorntoast

Für den Vorratsschrank

> Couscous, schnell gekochte Alternative zu Reis
> Vollkorn-, Basmati- sowie Wildreis
> Perlgraupen, fein
> Penne
> Makkaroni
> Capellini oder Capelli d'Angelo
> vegetarische Tortellini, vacuumiert, für den Vorrat
> Dosenthunfisch, aus nachhaltiger Fischerei (z.B. von Followfish)
> Kidneybohnen-Dose
> vorgekochte Kichererbsen, Dose oder Glas
> Pesto rosso und Pesto verde
> Walnussöl für Salate und Rohkost
> Olivenöl
> Distel- oder Rapsöl zum Anbraten
> Bio-Zitronen
> Kräuteressig
> Balsamicoessig
> Süßer Senf
> Senf (z.B. Dijonsenf)
> Mayonnaise
> Eier
> H-Schlagsahne
> getrocknete Cranberrys
> Walnüsse
> feine Haferflocken
> Weizenmehl

> Weizenvollkornmehl
> Honig
> Ahornsirup
> Gemüsezwiebeln
> rote Zwiebeln
> Schalotten
> Knoblauch
> schwarze Oliven
> Kapern
> Meersalz
> Fleur de Sel
> Pfeffer in der Mühle
> Tabasco
> Cayennepfeffer
> Muskatnuss
> Paprikapulver
> Lorbeerblätter
> Kümmel
> Kreuzkümmel
> Oregano
> Piment
> Thymian
> Currypulver, eine Sorte
> Kurkuma
> gekörnte Brühen (Gemüse, Huhn, Rind)
> Ras el-Hanout

Zum Selbermachen: Suppenbasis und Sodabrot

Gekörnte Brühen oder Suppenpaste auf Hefebasis sind praktisch: Sie sind lange haltbar und schnell einsatzbereit. Wenn man aber Suppen macht, deren Basisbrühe entscheidend zum Geschmack beitragen soll, greift man besser auf selbstgemachte Brühen zurück, die man vorportioniert im Tiefkühlfach bereithalten kann.

Gemüsebrühe

ZUTATEN FÜR 1,5 L BRÜHE

1 Stange Lauch
½ Knolle Sellerie bzw. eine kleine Knolle
3 Karotten
1 Knolle Fenchel
1 Kohlrabi (optional)
1 Zwiebel
2 Lorbeerblätter
2 Pimentkörner
Salz
Pfeffer
1 Bund Petersilie

Den Lauch halbieren, die äußeren Blätter und den obersten Teil entfernen, den Strunk vorsichtig abschneiden und die halbierten Stangen gründlich waschen. Die Lauchhälften beiseitelegen. Den Sellerie schälen, das Wurzelwerk entfernen, die Knolle gründlich waschen und in zwei Teile schneiden. Die Karotten putzen und halbieren. Den Fenchel waschen, halbieren und die strunkigen Teile ausschneiden. Optional noch einen kleinen Kohlrabi waschen, schälen und vierteln. Die Zwiebel schälen und halbieren.
Dann in einem großen Topf ohne Zugabe von Fett die Zwiebelhälften mit den Schnittseiten nach unten auf den Boden des Topfes legen und die Zwiebel rösten; sie soll an der Schnittfläche ruhig ein bisschen schwarz werden. Dann rasch mit 1,5 l Wasser ablöschen. Die Lauchhälften, den Sellerie, die Karotten und den Fenchel sowie eventuell den

Kohlrabi dazugeben. Aufkochen lassen. Die Lorbeerblätter, die Pimentkörner und reichlich Salz – mindestens 3 EL – dazugeben. Auf mittlerer Flamme 1 Stunde köcheln lassen. Dann mit einem Schaumlöffel Gemüseteile und Gewürze herausfischen, die Gemüseteile nach dem Abkühlen für die weitere Verwendung klein schneiden. Die Brühe mit Salz und Pfeffer abschmecken und mit Petersilie würzen. Die klare Brühe in Behälter geben und einfrieren. Zusammen mit dem klein geschnittenen Gemüse und Maultaschen ist diese Brühe auch ein superschnelles Mittagessen. Bei der Wahl der Maultaschen sind fast keine Grenzen gesetzt. Da sich die schwäbischen Teigtäschle problemlos einfrieren lassen, kann man eine Packung Suppenmaultaschen (sind kleiner) oder auch eine Packung Maultaschen vom Metzger kaufen und den Rest einfach einfrieren. Oder aber man macht mit den Resten am nächsten Tag den Salat mit Maultaschen (Seite 101). Die Menge der Suppeneinlage ist hierbei ganz dem persönlichen Appetit überlassen.

Am nächsten Tag im Büro eine Portion Brühe erhitzen (am besten dann tatsächlich auf dem Herd im Topf) und die Maultaschen in der heißen, aber nicht mehr kochenden Brühe 10 Minuten ziehen lassen.

Rinderbrühe

ZUTATEN FÜR 1 L

150–200 g Suppenfleisch plus Knochen (bekommt man beim Metzger)
1 Stange Lauch
½ Knolle Sellerie bzw. eine kleine Knolle
3 Karotten
1 Zwiebel
reichlich Salz
etwas Pfeffer
1 Lorbeerblatt

Einen großen Topf mit 1,5 l kaltem Wasser befüllen. Das Suppenfleisch plus Knochen in das kalte Wasser geben und aufkochen lassen. In der Zwischenzeit das Suppengemüse wie für die Gemüsebrühe putzen und beiseite legen. Die Zwiebelhälften ohne Fett anrösten, bis sie etwas schwarz sind. Wenn die Suppe kocht, etwaigen Schaum mit einem Schaumlöffel abschöpfen. Dann das Gemüse inklusive der Zwiebel und die Gewürze hinzugeben, aufkochen lassen und dann die Platte auf die kleinste Stufe herunterschalten. Ca. 12 Stunden (!) köcheln lassen. Dann das Fleisch sowie die Gemüseteile herausfischen. Das Fleisch und die Knochen sowie das Gemüse kann man ohne schlechtes Gewissen entsorgen, denn alles, was an dem Fleisch gut und nahrhaft war, befindet sich nun in der Brühe. Die Brühe mit Salz und Pfeffer abschmecken, nochmals kurz aufkochen, dann abkühlen lassen, in die vorbereiteten Behälter füllen und einfrieren.

Hühnerbrühe

ZUTATEN FÜR EINE HÜHNERSUPPE,
EIN HÜHNERSANDWICH UND BRÜHE ZUM EINFRIEREN

1 Stange Lauch
2 Karotten
2–3 Selleriescheiben
1 Suppenhuhn
ein kleines Stück Ingwer
1 Lorbeerblatt
2–3 Pimentkörner
Salz
Pfeffer

Das Gemüse wie bei den anderen Brühen putzen und vorbereiten.
Das Huhn waschen und trockentupfen, dann zusammen mit dem Gemüse, dem Ingwer sowie den Gewürzen in einen großen Topf geben. Mit Wasser aufgießen, bis das Huhn komplett bedeckt ist, plus ca. 3 Fingerbreit Wasser. Aufkochen und dann 1–1,5 Stunden köcheln lassen. Danach die Suppe kurz abkühlen lassen und das Huhn sowie das Gemüse entnehmen. Die Brühe mit Salz und Pfeffer abschmecken. Ca. die Hälfte der Brühe in Behälter geben und einfrieren.
Das Huhn zerteilen. Die Hühnerbrust in eine Tupperschüssel geben und sofort in den Kühlschrank stellen. Mit dieser Hühnerbrust lassen sich wunderbar Sandwiches herstellen. Das restliche Hühnerfleisch von den Knochen lösen. Das Gemüse in kleine Stücke schneiden und zusammen mit dem Hühnerfleisch in den Topf geben. Nochmals aufkochen lassen und eine heiße Hühnersuppe genießen. Wer mag, kann in der Zwischenzeit noch Nudeln oder Graupen als Suppeneinlage kochen.

Irisches Sodabrot für Eilige

ZUTATEN FÜR EIN KLEINES BROT

150 g Weizenmehl
150 g Weizenvollkornmehl
1 TL Salz
2 TL Backpulver
150 g Joghurt
1 TL Zitronensaft
6–8 EL Milch

Oh Schreck, es ist kein Brot da? Kein Grund zu verzweifeln, denn wer Mehl, Salz, Joghurt und Backpulver im Vorrat hat, kann in Windeseile ein irisches Sodabrot selber backen. Dazu den Ofen auf 200°C (Umluft) vorheizen. Das Mehl mit dem Salz sowie dem Backpulver vermengen. Den Joghurt und den Zitronensaft verrühren und nach und nach zum Mehl geben. Je nach Teigkonsistenz tropfenweise 6–8 EL Milch dazugeben, bis ein glatter Teig entsteht.

Einen Laib formen, oben kreuzweise einschneiden und sofort im Ofen auf einem Backblech ca. 25–30 Minuten backen. Der Teig muss rasch verarbeitet werden, sonst wird das Brot nicht luftig, sondern steinhart. Das Brot ist fertig, wenn es beim Klopfen auf die Unterseite hohl klingt.

Das Brot schmeckt am besten noch warm, mit Butter bestrichen, zum Beispiel zu Cock-A-Leekie oder Krautsuppe. Aber auch am nächsten Tag kann man es mit saftigen Zutaten gut als Grundlage für ein Sandwich verwenden.

FRÜHLING

Liebe Leserin, lieber Leser,

gerne informieren wir Sie künftig über unsere Neuerscheinungen. Teilen Sie uns mit, für welche Themen Sie sich interessieren und schicken einfach diese Karte zurück.

Wenn Sie außerdem unsere Fragen auf der Rückseite beantworten, helfen Sie uns, zukünftig genau die Bücher zu machen, die SIE interessieren!

Gerne revanchieren wir uns für Ihre Mühe:
Unter allen Einsendern verlosen wir monatlich Bücher aus unseren Programmen im Wert von € 50,-

VORNAME / NAME

....

STRASSE / HAUSNUMMER

....

PLZ / ORT

....

E-MAIL

....

Bei Angabe Ihrer Mail-Adresse erhalten Sie rund 6 Mal jährlich unseren Newsletter, der Sie über die uns genannten Themenbereiche informiert.

Antwort

JAN THORBECKE VERLAG
VERLAGSGRUPPE PATMOS

Senefelderstraße 12
D-73760 Ostfildern

Ihre Meinung ist uns wichtig!

Diese Karte lag in dem Buch:

....

Ihre Meinung zu diesem Buch:

....

....

....

Wie sind Sie auf dieses Buch gestoßen?

◯ Buchbesprechung in:

◯ Anzeige in:

◯ Verlagsprospekt

◯ Entdeckung in der Buchhandlung

◯ Internet

◯ Empfehlung

◯ Geschenk

Für welche Themen interessieren Sie sich?

◯ Garten & Wohnen
◯ Kochen & Genießen
◯ Kalender & Geschenke

◯ Kinder & Familie
◯ Psychologie & Lebenshilfe
◯ Spiritualität & Lebenskunst
◯ Religion & Theologie

◯ Geschichte/Geschichtswissenschaft
◯ Landeskunde Südwestdeutschland

Fordern Sie unsere aktuellen Themenprospekte an:

bestellungen@verlagsgruppe-patmos.de
Fax +49.711.4406-177
Tel. +49.711.4406-194

Einen Überblick unseres **Gesamtprogramms** finden Sie unter
www.thorbecke.de sowie **www.verlagsgruppe-patmos.de**

PATMOS
ESCHBACH
GRÜNEWALD
THORBECKE
SCHWABEN

Die Verlagsgruppe
mit Sinn für das Leben

Wir haben genug vom Winter. Eiskalter Regen rinnt die Scheiben herunter, und im Büro wie draußen ist alles grau, grau, grau. Kurz bevor man verzweifelt, tauchen sie dann auf, die zarten Frühlingsboten. Krokusse und Schneeglöckchen in den Gärten, Schnittlauch, Kräuterbuschen und Radieschen auf dem Marktstand. Der erste Babyspinat. Nicht umsonst ist frisches Hellgrün *die* Farbe für Frühlings- und Osterdeko.

Frühlingsfrische Zutaten für die gesunde Büroküche sind zum Beispiel *Radieschen*, die ab März bis September Saison haben, im Frühling aber am besten schmecken. Sie sind von erfrischender Schärfe – gute Radieschen erinnern beim Hineinbeißen nämlich an Senf. Wenn man Radieschen im Garten hat oder direkt vom Erzeuger kauft und das Grün noch ganz frisch ist, kann man damit sogar eine sehr leckere Suppe (Seite 20) machen. Profis ziehen Radieschensprossen, die als Salatopping jeder Mahlzeit noch etwas mehr Biss verleihen.

Frischer *Babyspinat* aus dem Freiland hat nun ebenfalls Saison und ist knackig, feinblättrig sowie besonders würzig. Am besten kauft man auch ihn auf dem Markt und sucht dort die kleinsten, schönsten Blätter aus. Wie alles grüne Blattgemüse ist Spinat reich an Folsäure, die wichtig für den Zellschutz ist. Frischer Babyspinat schmeckt mit einer kräftigen Vinaigrette als Salaten am besten. Lecker!

Und was wäre ein klassisches Frühlingsfrühstück ohne *Schnittlauch*? Nicht nur die Schneeglöckchen strecken nun ihr zartes Grün aus dem dunklen, regenschweren Boden, auch der Schnittlauch wächst wieder munter los. Mit seiner zwiebligen Schärfe trägt er in Suppen, Salaten und Sandwiches zu einer Geschmacksvielfalt bei, die man im langen Winter vermisst hat. Auch die Kräuter der Frankfurter Grünen Soße bringen Farbe und Geschmacksvielfalt: Ob Sauerampfer, Borretsch, Kerbel, Kresse oder Pimpernelle, ob als klassische Grüne Soße oder als Zutat zu Salaten oder Suppen – der Vitaminkick ist genau das Richtige für noch dunkle Tage und das geschwächte Immunsystem. Viele Kräuter gibt es oft schon gebündelt und mit Kochanleitung zu kaufen. Bei manchen kann man auch die Blüten mitessen, was sich besonders hübsch im Salat macht. In Wachspapier gewickelt halten sie sich auch für kurze Zeit im Gemüsefach des Kühlschranks. Besser aber ist es, man braucht sie so schnell wie möglich auf.

Die *Kresse* – ein ebenfalls mit dem Lenz in Verbindung gebrachtes Kraut, das man mittlerweile ganzjährig bekommt – kann man sehr einfach selber ziehen. Dank ihres hohen Gehalts an Vitamin B, C, Eisen sowie Folsäure ist sie nicht nur eine wohlschmeckende Zutat für Salate oder Sandwiches, sondern auch eine prima Nahrungsergänzung.

Im Übergang von Frühling zu Frühsommer hat dann der *Spargel* Saison, nach dem wir Deutschen besonders verrückt zu sein scheinen. Tatsächlich können die ersten Stangen – meist aus dem warmen Breisgau – bereits Mitte April auf den Tisch kommen. Finger weg von Spargel aus Peru: Wegen des langen Transportwegs hat dieser eine ziemlich schlechte Klimabilanz. Außerdem schmeckt Spargel am besten frisch, daher also direkt vom Erzeuger kaufen und am selben Tag verarbeiten.

Suppe von Radieschengrün

ZUTATEN FÜR 1 PORTION, ZUM VORBEREITEN

1–2 Bund Radieschengrün, frisch
1 Schalotte
1 EL Butter
150 ml Hühnerbrühe
2 EL Frischkäse
100 g Crème fraîche
Salz
Pfeffer

Nicht nur Radieschen selber sind wunderbar, auch das Grün kann – wenn es noch frisch und knackig ist – als Basis für eine säuerlich-erfrischende Suppe herhalten. Die Suppe kann gut am Vorabend vorbereitet werden. Dazu das Radieschengrün gründlich waschen, eventuell trockenschleudern und fein hacken.

Die Schalotte fein würfeln. Die Butter in einem Topf schmelzen und die Schalotte darin glasig andünsten. Das Radieschengrün dazugeben und unter Rühren zusammenfallen lassen. Dann mit der Brühe angießen und aufkochen lassen. Ca. 15 Minuten auf kleiner Flamme köcheln lassen.

Vom Herd nehmen und, nachdem die Suppe etwas abgekühlt ist, im Mixer fein pürieren. Die pürierte Suppe wieder auf die noch warme Herdplatte stellen und den Frischkäse sowie die Crème fraîche unterrühren. Mit Salz und Pfeffer abschmecken. In einen vorbereiteten Behälter geben und sofort in den Kühlschrank stellen.

Am nächsten Morgen erwärmen und in die Suppenthermos geben oder gekühlt mitnehmen und im Büro erwärmen. Dazu schmeckt ein frisches Baguette, das man auf dem Weg zur Arbeit bei Bäcker holen kann. Oder ein paar Scheiben Bauernbrot.

Schwedische Spinat-Lachs-Suppe

ZUTATEN FÜR 1 PORTION, ZUM VORBEREITEN

4 Würfel TK-Rahmspinat
1 Schalotte
etwas neutrales Öl
1 Schuss Weißwein
ca. 120 ml Milch
3 Scheiben Räucherlachs
Pfeffer
Salz
falls zur Hand: frischer Dill

Eine wunderbar schnelle Suppe, die man am Vorabend zubereiten kann. Dazu benötigt man portionierbaren Rahmspinat aus der Tiefkühlabteilung.
Den Spinat auftauen lassen. Die Schalotte schälen und fein hacken. In einem Suppentopf das Öl erhitzen und die Schalotte glasig dünsten. Mit dem Weißwein ablöschen. Den aufgetauten Rahmspinat zugeben.
Mit so viel Milch angießen, bis eine suppenartige Konsistenz entsteht, und kurz köcheln lassen. Den Lachs währenddessen grob würfeln und in der Suppe gar ziehen lassen, wobei er in feine Stück zerfällt. Die Suppe mit Salz sowie Pfeffer abschmecken, pürieren und in einem geeigneten Behälter bis zum nächsten Tag kühl stellen. Zum Verzehr die Suppe vor Ort aufwärmen. Wer mag, kann dann die Suppe kurz vor dem Verzehr noch mit ein bis zwei frischen Dillzweigen oder etwas übrig gebliebenem Räucherlachs garnieren.

Frühlingsgemüsesuppe mit Nudeln

ZUTATEN FÜR 4 PORTIONEN, ZUM EINFRIEREN, ZUM VORBEREITEN

1 Gemüsezwiebel
2 Karotten
1 Kohlrabi
1 EL Walnussöl
750 ml Rinderbrühe (alternativ: Gemüsebrühe)
2 Handvoll TK-Erbsen
Salz
Pfeffer
2 Handvoll Capelli d'Angelo oder Capellini (Fadennudeln)
1 Bund Kerbel
1 Frühlingszwiebel

Zarter Kohlrabi und Bundkarotten sowie die Süße der Erbsen machen aus dieser Suppe einen leichten, feinen Genuss. Die Suppenbasis lässt sich gut vorbereiten. Dazu die Zwiebel putzen und fein würfeln. Die Karotten sowie den Kohlrabi schälen, waschen und würfeln. Das Öl in einem Suppentopf erhitzen. Die Zwiebel kurz anbraten, dann die Karotten sowie den Kohlrabi dazugeben und mit der Brühe ablöschen. Die Erbsen dazugeben und ca. 20 Minuten köcheln lassen. Mit Salz und Pfeffer abschmecken. Soll ein Teil der Suppe eingefroren werden, die dafür vorgesehen Portionen abteilen, bevor die Nudeln dazugegeben werden.
In die Portion für den nächsten Tag die Suppennudeln geben, kurz ziehen lassen und in einen geeigneten Behälter verpacken. Den Kerbel waschen, trockenschleudern und klein wiegen. Die Frühlingszwiebel in Ringe schneiden und beides gemeinsam in einen extra Behälter geben. Erst kurz vor dem Verzehr zur Suppe geben! Nimmt man eine der tiefgefrorenen Portionen mit, gibt man die Nudeln während des Aufwärmens zur Suppe. Zum Schluss mit dem fein gewiegten Kerbel und der in Ringe geschnittenen Frühlingszwiebel garnieren.

Hühnersuppe mit frischen Gartenkräutern und Graupen

ZUTATEN FÜR 3–4 PORTIONEN, ZUM EINFRIEREN, ZUM VORBEREITEN

3 Handvoll TK-Suppengrün oder 3 Handvoll frischer Sellerie, Lauch
  und Karotte, geputzt und gewürfelt
1 Kohlrabi
1 Fenchelgrün plus Stängel
1 EL Butter
1 Hühnerschenkel und 2–3 Hühnerflügel
1 Lorbeerblatt
Salz
Pfeffer
3 Handvoll feine Perlgraupen
1 Handvoll frische Petersilie sowie Estragon, Dill oder Schnittlauch

Diese frische Hühnersuppe lässt sich gut vorbereiten und ist eine gut sättigende Mittags-
mahlzeit. Das Suppengrün putzen, waschen und würfeln, den Kohlrabi in feine Stifte
schneiden und das Fenchelgrün sowie die Stängel fein hacken. Die Butter im Topf schmelzen und das Suppengrün sowie den Kohlrabi und das Fenchelgrün kurz anschwitzen.
Dann mit 1,5 l Wasser angießen. Die Hühnchenteile sowie das Lorbeerblatt, Salz und
etwas Pfeffer zugeben und auf mittlerer Flamme ca. 1 Stunde köcheln lassen.
Das Fleisch nach einer Stunde entnehmen und beiseite legen. Die Perlgraupen in einem
feinmaschigen Sieb so lange waschen, bis das Waschwasser klar ist, dann zur Suppe geben
und nochmals 20 Minuten kochen lassen, bis die Perlgraupen fast weich sind. Das Hühn-
chenfleisch vom Knochen und in mundgerechte Stücke zupfen, dann wieder zur Suppe
geben, erhitzen. Nochmals mit Salz und Pfeffer abschmecken.
Zwei bis drei Portionen ohne Kräuter einfrieren. Für die restliche Portion Suppe die
Kräuter waschen, trocknen und hacken, dann in die Suppe geben und diese in einem geeigneten Behälter über Nacht im Kühlschrank aufbewahren. Wenn eine der eingefrorenen
Portionen verzehrt werden soll, diese am Vorabend aus dem Gefrierfach nehmen und über
Nacht im Kühlschrank auftauen lassen. Die Kräuter wie oben beschrieben verarbeiten und
in die aufgetaute Suppe geben.

Sandwich mit Eier-Kresse-Salat

ZUTATEN FÜR 2 SANDWICHES, VEGETARISCH

1 Ei Größe L
1 Handvoll Kresse
1–2 EL Mayonnaise
1 TL Senf
Salz
Pfeffer
4 Toastbrotscheiben (Roggen)
etwas Butter

Der Sandwich-Klassiker aus Großbritannien. Dieses Sandwich bereitet man kurz vor dem Aufbruch zur Arbeit zu, dann schmeckt es mittags noch schön frisch. Wer es morgens besonders eilig hat, kann die Ei-Kresse-Füllung schon abends herstellen, über Nacht im Kühlschrank lagern und am nächsten Tag auf den frischen Toast geben. Wer es noch frischer mag, nimmt den Toast mit ins Büro und macht das Sandwich erst dort fertig. Die Butter bitte nicht weglassen, denn sie verhindert das Durchweichen der Sandwiches.

Das Ei hart kochen. In der Zwischenzeit die Kresse waschen und trocknen. Das Ei abschrecken, pellen und zerdrücken. Abkühlen lassen, bevor man die Mayonnaise und den Senf dazu gibt. Dann die Masse nach Bedarf etwas salzen und pfeffern und die gewaschene Kresse unterrühren. Zwei Scheiben Toast mit Butter bestreichen. Die Eimasse auf dem Brot verteilen, dabei etwas Abstand zu den Rändern lassen. Je eine Toastscheibe als Deckel auflegen und in klassische Sandwichdreiecke schneiden – so lässt es sich am besten essen.

Hühnersandwich
mit Kresse und Karotten

ZUTATEN FÜR 1 SANDWICH

60 g Hühnerbrust, gegart
Salz
Pfeffer
etwas Mehl
je ½ TL Olivenöl + Butter
1 Ciabatta oder 2 große Scheiben Bauernbrot
1 EL Frischkäse
1 Handvoll Kresse
1 kleine Karotte
1 TL Olivenöl
1 Spritzer Zitronensaft

Für dieses Rezept verwendet man am besten Hühnerbrust aus einer Hühnersuppe (Seite 15). Alternativ brät man eine TK-Hühnerbrust aus dem Vorrat an. Dazu das Fleisch über Nacht im Kühlschrank auftauen lassen. Dann abspülen, abtupfen, salzen, pfeffern, in ein wenig Mehl wenden und in einer Pfanne in je einem halben Teelöffel Olivenöl und Butter bei mittlerer Hitze pro Seite 5 Minuten anbraten. Dann den Deckel auf die Pfanne geben und bei kleiner Hitze 10 Minuten ziehen lassen, ohne den Deckel abzunehmen. Währenddessen das Ciabatta in zwei Hälften schneiden und beide Hälften (oder beide Scheiben Bauernbrot) mit dem Frischkäse bestreichen. Die Kresse waschen und gut trocknen. Die Karotte schälen und fein raspeln. Aus der Kresse und der Karotte mit dem Olivenöl und dem Zitronensaft einen Minisalat herstellen, gut salzen und pfeffern. Den Salat gleichmäßig auf dem Brötchen oder einer Brotscheibe verteilen, die Hühnerbrust zerpflücken, darauflegen und mit der anderen Brötchenhälfte oder der anderen Brotscheibe bedecken.

Schummeltipp für faule Tage: Supereilige können für dieses Rezept auch vorgegarte Hühnerbrust aus dem Kühlregal nehmen.

Bauernbrot mit Obatztem und Radieschen

ZUTATEN FÜR 2 PORTIONEN OBATZTEN, ZUM VORBEREITEN, VEGETARISCH

1 Handvoll alten Brie oder Camembert
2 EL Quark
¼ Zwiebel
1 TL Paprikapulver edelsüß
1 Prise Salz
Pfeffer
etwas Kümmel

Obatzter ist eine tolle Resteverwertung für alten Camembert oder Brie – je reifer, desto schmackhafter und cremiger wird das Ergebnis. Dazu vom Käse die Rinde abschneiden, den Käse würfeln und mit einer Gabel zusammen mit dem Quark zu einer Masse zerdrücken. Die Zwiebel extra fein würfeln und zusammen mit dem Paprikapulver sorgfältig unter die Käsemasse mischen. Etwas Salz sowie Pfeffer dazu und, wer mag, Kümmel – fertig ist der Brotaufstrich. Er hält sich im Kühlschrank drei Tage. Für einen Ausflug mit Freunden in den nächstgelegenen Biergarten einfach die Menge verdoppeln.

ZUTATEN FÜR 1 BROT

2 große Scheiben Bauernbrot
reichlich Obatzter
3–4 Radieschen oder Eiszapfen (kleine weiße Radis)

Eine Brotscheibe großzügig mit Obatztem bestreichen. Die Radieschen in dünne Scheiben schneiden, den Obatzten damit belegen. Die zweite Brotscheibe darauf – fertig. Eine perfekte Brotzeit, wenn endlich der Biergarten wieder eröffnet hat. Alternativ nimmt man nur den Obatzten und die Radieschen mit und kauft sich mittags dazu eine frische Brezel.

Bauernbrot mit Kräuter-Omelette

ZUTATEN FÜR 1 SANDWICH, ZUM VORBEREITEN, VEGETARISCH

2 große Scheiben Bauernbrot
Butter
2 Eier Größe M
1 EL Milch
Salz
Pfeffer
1 EL frischer Schnittlauch
1 EL frische Petersilie
1 EL frische Kräuter nach Wahl (zum Beispiel Kerbel, Borretsch, Pimpernelle)
etwas Öl

Omelettebrot war ein Klassiker von Oma Maria. Mit ein paar Kräutern aufgepeppt, ist dieses »Sandwich« das perfekte Frühlingsmittagessen. Das Brot kann schon am Vorabend zubereitet werden.

Dazu die Brotscheiben mit Butter bestreichen. Die Eier in eine Schüssel schlagen, die Milch sowie etwas Salz und Pfeffer dazugeben und gut verquirlen. Die Kräuter waschen, trockenschütteln und fein wiegen, dann zur Eimischung geben. Die Pfanne einfetten, auf den Herd stellen und bei mittlerer Hitze die Eimischung hinzugeben. Stocken lassen, bis sich die Ränder langsam hochwölben, dann vorsichtig mit einem Pfannenwender umdrehen. Auch möglich: Die Eimischung in eine gefettete Auflaufform geben und bei 180°C ca. 10 Minuten im Ofen stocken lassen. Die Omelette abkühlen lassen. Dann zusammenfalten, auf eine der Brotscheiben geben und mit der anderen bedecken. Gut verpackt über Nacht im Kühlschrank lagern. Dazu schmecken ein paar frische Radieschen.

Salat von Babyspinat mit Kräuter-vinaigrette und frischen Champignons

ZUTATEN FÜR 1 PORTION, ZUM VORBEREITEN, VEGETARISCH

1 kleine Schalotte
1 Handvoll frischer Kräuter (z.B. Estragon, Kerbel, Pimpernelle, Schnittlauch)
2 EL Olivenöl
1 EL Kräuteressig
1 Prise Salz
frisch gemahlener Pfeffer
3–4 Handvoll Babyspinat
1 Handvoll frische Champignons
2 Scheiben altes Toastbrot
etwas Butter
Parmesankäse

Den Babyspinat kauft man am besten zeitnah und frisch im Gemüseladen oder auf dem Markt. Der Salat kann am Vorabend vorbereitet, sollte aber erst kurz vor dem Verzehr angerichtet werden.
Dazu für die Sauce die Schalotte fein hacken. Die Kräuter waschen, gut trocknen und ebenfalls fein hacken. In einem kleinen Schraubglas die Sauce zubereiten: Das Öl sowie den Essig zusammen mit den Kräutern und der Schalotte in das Glas geben, mit Salz und Pfeffer würzen, zuschrauben. Kurz schütteln. Die Sauce in den Kühlschrank stellen.
Dann den Spinat gründlich verlesen, waschen und trockenschleudern. Die Champignons ebenfalls waschen und in feine Scheiben schneiden. Beides locker in eine verschließbare Plastikdose geben. Das Toastbrot würfeln. In einer Pfanne etwas Butter schmelzen und die Brotwürfel darin anbraten. Die Pfanne immer wieder etwas schütteln, damit nichts anbrennt. Wenn die Würfel goldbraun sind, die Pfanne vom Herd nehmen und die Croûtons abkühlen lassen. Den Parmesan hobeln und die Hobel in eine kleine Plastikdose geben. Die Brotwürfel ebenfalls in eine Dose packen.
Am nächsten Tag im Büro den Salat wie folgt anrichten: Den Spinat und die Champignons in einen tiefen Teller geben. Die Croûtons sowie die Käsehobel darauf verteilen und zum Schluss die Sauce darübergeben.

Fenchel-Radieschen-Salat

ZUTATEN FÜR 1 PORTION, ZUM VORBEREITEN, VEGETARISCH, VEGAN

1 kleine Knolle Fenchel
½ Bund Radieschen
2 EL Olivenöl
1 EL Zitronensaft
Salz
Pfeffer
1 Handvoll frische Petersilie
1 Handvoll Sellerieblätter

Dieser Salat kann gut am Vorabend zubereitet werden. Dazu den Fenchel sowie die Radieschen waschen, putzen, halbieren und in feine Scheiben hobeln. Zusammen in eine verschließbare Salatschüssel oder ein großes Einweckglas geben.
Für die Sauce das Olivenöl sowie den Zitronensaft mit Salz und Pfeffer vermengen und über den Salat geben. Alles gut durchmischen und bis zum nächsten Tag im Kühlschrank aufbewahren.
Die Petersilie sowie die Sellerieblätter (am besten nimmt man die feinen hellgelben Blätter des Stangensselleries) waschen, trocknen, fein hacken und in einer eigenen Schüssel mitnehmen. Erst kurz vor dem Verzehr zum Salat geben. Dazu passen Bauernbrot oder Vinschgerl mit Butter.

Frühlingssalat mit Löwenzahn und Senfvinaigrette

ZUTATEN FÜR 1 PORTION, ZUM VORBEREITEN, VEGETARISCH

4 Handvoll Löwenzahnsalat
1 Handvoll Pflücksalat
1 hartgekochtes Ei
1 TL Dijonsenf
2 EL Kräuteressig
2 EL Walnussöl
Salz
Pfeffer

Löwenzahnsalat gibt es mittlerweile im Frühjahr auf dem Markt und in ausgesuchten Supermärkten. Selber pflücken kann man ihn, wenn man in der Nähe von Feld oder Wald wohnt; neben der Straße oder an Hundestrecken ist allerdings davon abzuraten. Den Löwenzahn sowie den Pflücksalat verlesen, waschen und gut trockenschleudern. Locker in eine verschließbare Plastikschüssel oder Tüte geben und im Kühlschrank aufbewahren. Das hartgekochte Ei pellen, mit der Gabel fein zerdrücken und zusammen mit dem Senf, den Essig, das Öl sowie Salz und Pfeffer in ein Schraubglas geben. Dann das Glas zuschrauben, die Vinaigrette kurz schütteln, abschmecken und danach kalt stellen.
Den Salat am nächsten Tag wie folgt anrichten: Löwenzahn und Pflücksalat in einen tiefen Teller geben und mit der Vinaigrette übergießen. Da der Salat eher leicht ist, passen dazu ein paar Schnitten gebuttertes Bauernbrot.

Spargelsalat mit Kräutervinaigrette

ZUTATEN FÜR 1 PORTION, ZUM VORBEREITEN, VEGETARISCH

500 g Spargel
1 Spritzer Zitronensaft
etwas Butter oder Margarine
2 EL Walnussöl
1 gestrichener TL Senf
1 EL Kräuteressig
½ TL Salz
1 Handvoll frischer Kräuter (z.B. Petersilie, Dill, Kerbel, Pimpernelle)
¼ Zwiebel

Dieser Salat sollte am Vorabend zubereitet werden, denn je länger der Spargel in der Vinaigrette ziehen kann, desto besser wird der Salat. Dazu den Spargel schälen, waschen und mit einem Spritzer Zitronensaft sowie ein wenig Butter oder Margarine in reichlich Wasser 10–15 Minuten gar kochen – er sollte aber auf jeden Fall noch bissfest sein. Dann in einem großen Sieb abtropfen lassen, so dass die Stangen nicht knicken.
Währenddessen die Vinaigrette herstellen. Das Öl mit dem Senf sowie dem Kräuteressig und dem Salz in ein Schraubglas geben, dieses zuschrauben und alle Zutaten gründlich durchschütteln.
Die Kräuter waschen, trocknen und fein wiegen. Die Zwiebel fein hacken. Beides zur Vinaigrette geben. Den Spargel in eine flache rechteckige Plastikschüssel mit Deckel geben, die Sauce darübergießen und das Ganze über Nacht im Kühlschrank ziehen lassen. Beim Transport am nächsten Tag darauf achten, dass die Plastikschüssel nicht hochkant transportiert wird, da sonst der Spargel zerdrückt wird. Dazu schmeckt frisches Baguette vom Bäcker.

SOMMER

Sommer heißt Hochgenuss im Überfluss: Erdbeeren, Brombeeren, Himbeeren, Spargel, Melonen, Tomaten, Zucchini – das Angebot an frischem Gemüse und Obst ist so zahlreich, dass man sich eigentlich nur von Rohkost ernähren könnte.

Sommerliche Salate und Sandwiches stehen daher auch im Mittelpunkt der Rezepte. Heimische *Tomaten* haben von Juli bis September Saison und schmecken dann auch am besten. Wer die Tomatensaison verlängern möchte, kocht im August mehrere Gläser Sugo ein. Tomaten sind gesund, weil sie neben Antioxidantien viel Vitamin E enthalten. Auch *Zucchini* haben jetzt Saison und sind vielseitig verwendbar. Am besten kauft man kleine Zucchini vom Markt, die im Gegensatz zu den großen Exemplaren weniger fasrig und seltener bitter sind. Bitter werden Zucchini übrigens auch, wenn man sie zu lange lagert.

Gurken bestechen ähnlich wie Zucchini zwar nicht durch einen prägnanten Eigengeschmack, sind aber dank ihres hohen Wasseranteils sehr erfrischend. Mehr Aroma haben die kleinen Landgurken, die es immer häufiger auf Märkten und auch im Supermarkt zu kaufen gibt.

Auch die *Paprika* ist ein klassisches Sommergemüse. Während sie im Winter nicht nur teuer, sondern auch pestizidbelastet sind, gibt es im Sommer heimische Paprika vom Markt. Besonders rote Paprika enthält viel Vitamin C.

Wie alles Grüngemüse isst man *Blattsalat* am besten dann, wenn er Saison hat. Salat aus dem Gewächshaus ist nämlich oft besonders nitrathaltig, was man gelegentlich sogar schmeckt. Freilandsalat macht zwar mehr Mühe beim Waschen, ist aber gesünder, weil er statt Nitrat viel Folat und Eisen enthält. Wer einen grünen Daumen sowie einen Balkon oder Garten hat, kann Pflücksalat in Kästen oder Töpfen anbauen. Ein dankbares Kraut ist der Rucola, zu Deutsch: Rauke. Das Gewächs hat eine schöne senfartige Schärfe und macht sich in Salaten ebenso gut wie auf einem Sandwich. Am besten baut man die Rauke im Garten, auf dem Balkon oder sogar auf dem Fensterbrett selber an. So kann man sich immer eine Handvoll Blättchen abzupfen. Kauft man vorgeschnittenen Rucola, sollte man ihn am selben Tag verbrauchen, da er andernfalls schnell gelb und schlapp wird.

Und wo wir schon gerade beim Selberanbauen sind: Auch *grüne Bohnen* sind ein dankbares Gewächs. Die Blüten sehen nicht nur sehr hübsch aus, auch die Bohnen selbst schmecken hervorragend, zum Beispiel in einer sommerlichen Gemüsesuppe oder als Salat.

Sommerzeit ist Beerenzeit. Ob *Blau-, Him-, Erd-, Johannis-* oder *Stachelbeeren:* Beeren sind der perfekte Snack fürs Büro, weil man sie nicht erst schnippeln muss. Außerdem sind viele Beerensorten voller Vitamine und Antioxidantien. Aber auch manchen Salaten geben Beeren eine frisch-säuerliche Fruchtnote. Eine Beerenfrucht ist, rein botanisch gesehen, auch die *Avocado*. Vollreif ist sie wunderbar cremig und eine gehaltvolle vegetarische Alternative zu fleischhaltigen Brotaufstrichen.

Vegetarische Bohnensuppe

ZUTATEN FÜR 4 PORTIONEN,ZUM EINFRIEREN, VEGETARISCH, VEGAN

4 Handvoll grüne Bohnen
2 mittelgroße Kartoffeln
2 Handvoll Suppengrün
1 kleine Gemüsezwiebel
1 EL neutrales Öl
1–2 TL Gemüsebrühepulver
1 Tomate
Meersalz
frisch gemahlener Pfeffer
1 TL Bohnenkraut

Grüne Bohnen spielen die Hauptrolle in dieser leckeren Gemüsesuppe. Beim Kauf
darauf achten, dass die Bohnen frisch sind; ältere Bohnen sind oft strunkig. Die
Suppe lässt sich gut auf Vorrat kochen.
Dazu die Bohnen waschen und die Enden abschneiden. Sind die Bohnen besonders
groß, diese halbieren. Die Kartoffeln schälen, waschen und in Würfel schneiden. Das
Suppengrün putzen und fein würfeln. Die Zwiebel häuten und ebenfalls fein würfeln.
Das Öl in einem großen Topf erhitzen und die Zwiebel sowie das Suppengrün darin
anschwitzen. Mit 1 l Wasser angießen, die Gemüsebrühe, die Kartoffeln und die
Bohnen dazugeben. Auf mittlerer Hitze ca. 20 Minuten kochen, bis die Bohnen
bissfest und die Kartoffeln weich sind. Die Tomate waschen, würfeln und 10 Minuten
vor Ende der Garzeit dazugeben. Mit Salz, Pfeffer sowie Bohnenkraut abschmecken.
Abkühlen lassen, eine Portion für den nächsten Tag gut verpackt im Kühlschrank
aufbewahren. Den Rest der Suppe portionsweise einfrieren.
Dazu schmeckt frisches Bauernbrot.

Gartenminestrone

ZUTATEN FÜR 3 PORTIONEN, ZUM EINFRIEREN, VEGETARISCH

1 große Gemüsezwiebel
2 Zehen Knoblauch
1 rote Paprika
1 Zucchino
1 Handvoll Champignons
1 Handvoll Erbsen (TK oder frisch gepellt)
2 reife Tomaten

2 EL Olivenöl
1 Zweig frischer Rosmarin
750 ml Gemüsebrühe
Salz und frisch gemahlener Pfeffer
etwas frischer Parmesan
pro Portion frisch dazu: 1 Handvoll Basilikum

In eine gute Minestrone kann alles, was der Sommergarten hergibt. Während in der Wintervariante Kohlsorten überwiegen, machen frische Erbsen und Paprika diese Variante zu einem bunten Essvergnügen.

Dazu die Gemüsezwiebel schälen und würfeln. Die Knoblauchzehen schälen und mit der Breitseite des Messers zerdrücken. Die Paprika und den Zucchino waschen, putzen und würfeln. Die Pilze in feine Scheiben schneiden. Die TK-Erbsen auftauen lassen. Die Tomaten mit heißem Wasser überbrühen, häuten und grob würfeln.

In einem großen Topf etwas Olivenöl erhitzen. Den Rosmarin abspülen, gut abtrocknen und bei mittlerer Hitze kurz im Öl anbraten. Das Öl darf nicht zu heiß sein, da sonst der Rosmarin verbrennt und bitter wird. Sobald es wunderbar nach Südfrankreich riecht, gibt man Zwiebeln und Knoblauch dazu und dünstet diese glasig. Dann den Rest des Gemüses außer den Erbsen dazugeben und kurz mit anbraten. Mit der Brühe angießen, die Erbsen dazugeben und die Minestrone 15–20 Minuten auf mittlerer Flamme kochen lassen. Mit Salz und Pfeffer abschmecken.

Eine Portion in einen geeigneten Behälter geben und für den nächsten Tag im Kühlschrank lagern. Die restliche Suppe in Gefrierbehälter verteilen und in den Tiefkühler geben. Für den nächsten Tag ca. 1 Handvoll Parmesan reiben und in einer kleinen Plastikdose aufbewahren. Das Basilikum waschen, trockenschleudern und bis zum Verzehr locker gepackt ebenfalls in einer kleine Dose aufbewahren.

Zum Anrichten die Suppe in einen tiefen Teller geben, mit dem Parmesan sowie dem Basilikum garnieren und genießen. Besonders nahrhaft wird die Suppe, wenn man Restnudeln vom Vortag, zum Beispiel Makkaroni oder Penne, beim Aufwärmen dazugibt. Wer keine Nudeln als Suppeneinlage hat, isst dazu Baguette, Soda- oder Fladenbrot.

Bloody Mary Soup

ZUTATEN FÜR 3–4 PORTIONEN, ZUM EINFRIEREN, VEGETARISCH, VEGAN

2 kg frische, vollreife Tomaten
1 Zwiebel
2 EL kräftiges Olivenöl
1 Handvoll gewürfelter Sellerie
2 EL Tomatenmark
400 ml Gemüsebrühe
Salz
1 Spritzer Tabasco
1 guter Schuss Wodka

Die Tomaten waschen, mit kochendem Wasser überbrühen, häuten und würfeln. Die Zwiebel schälen und sehr fein hacken. Das Olivenöl in einem Topf erhitzen und die Zwiebel sowie den fein gewürfelten Sellerie darin andünsten. Die gewürfelten Tomaten sowie das Tomatenmark dazugeben und 10 Minuten köcheln lassen. Mit der Brühe angießen, dann ungefähr 45 Minuten einkochen lassen.
Die Suppe ein wenig abkühlen lassen, pürieren und mit Salz, Tabasco und Wodka abschmecken. Eine Portion für den nächsten Tag in ein geeignetes Behältnis geben und im Kühlschrank aufbewahren. Die restliche Suppe portionsweise einfrieren. Am nächsten Tag kann die Suppe im Büro erwärmt werden, muss aber nicht: Sie schmeckt auch kalt sehr gut! Am besten garniert man sie vor dem Verzehr mit ein wenig frischer Petersilie, frischem Basilikum oder – wer es nicht vegan oder vegetarisch mag – mit einer Handvoll Garnelen. Dazu passen frisches Baguette oder Pumpernickel mit Butter.

Supersaftiges Thunfisch-Sandwich mit Kapern

ZUTATEN FÜR 1 SANDWICH

2 große Scheiben Bauernbrot (oder 4 kleinere)
etwas Butter oder Margarine
2 EL Mayonnaise
1 kleine Dose Thunfisch ohne Öl (ca. 80 g)
1 Karotte, geraspelt
1 TL Kapern
1 Spritzer Zitronensaft
Salz
frisch gemahlener Pfeffer
1 Handvoll Rucola
1 Prise Fleur de Sel

Das Bauernbrot sollte frisch sein mit einer knusprigen Kruste. Gut gelingt das Sandwich auch mit selbst gebackenem Sodabrot. Das Brot bereitet man am besten morgens zu, damit es zur Lunchtime noch schön knackig schmeckt.
Dazu eine der Brotscheiben buttern, die andere Hälfte mit der Mayonnaise bestreichen. Den Thunfisch abtropfen lassen. Die Karotte schälen, raspeln und mit dem Thunfisch, den Kapern sowie dem Zitronensaft vermischen. Die Masse mit Salz und Pfeffer abschmecken und auf dem Brot verteilen. Den Rucola waschen, trockenschütteln und auf die Thunfischmasse legen. Das Ganze mit einer Prise Fleur de Sel garnieren und gut verpacken. Gekühlt transportieren. Auch im Büro gehört es bis zum Verzehr wieder sofort in die Kühlung.

Avocado-Sandwich
mit Marie-Rose-Sauce

ZUTATEN FÜR DIE SAUCE, VEGETARISCH, ZUM VORBEREITEN

2 EL Mayonnaise
1 EL Ketchup
1 TL Zitronensaft
1 Spritzer Tabasco
1 Spritzer Whiskey
Meersalz
1 Prise Cayennepfeffer

Marie-Rose-Sauce ist die pikante Schwester der Cocktailsauce und schmeckt wie diese nicht nur zu Krabben, sondern auch hervorragend zu Avocado. Dazu alle Zutaten in einer Schüssel zu einer glatten Sauce verrühren. Die Sauce kann am Vorabend vorbereitet werden und hält sich im Kühlschrank 2–3 Tage.

ZUTATEN FÜR 2 SANDWICHES, VEGETARISCH

1 Avocado
1 Spritzer Zitronensaft
4 Scheiben Vollkorntoast
2–3 EL Marie-Rose-Sauce

Die Avocado schälen und das Fruchtfleisch in Scheiben schneiden. Etwas Zitronensaft dazugeben, damit die Avocado nicht braun wird. Den Vollkorntoast rösten und mit der Avocado belegen. Je Seite etwas Marie-Rose-Sauce dazugeben und die anderen Scheiben darauflegen. Die Sandwiches am besten morgens frisch zubereiten, während der Kaffee durchläuft. Gut verpackt transportieren, zum Beispiel in einer Edelstahldose von LunchBots.

Gurkensandwiches für heiße Tage

ZUTATEN FÜR 2 SANDWICHES, VEGETARISCH, VEGAN

1 Gartengurke oder ½ Salatgurke
4 Scheiben Roggentoast
Butter bzw. Margarine
1 Spritzer Zitrone
etwas Dill
eine Prise Salz

An manchen Sommertagen ist es im Büro so heiß, dass man sich mittags auf den Schatten eines großen Baumes und ein erfrischend leichtes Sandwich freut. Das sind die Tage des Gurkensandwiches, dem Klassiker der englischen Teatime.
Dafür die Gurke waschen, schälen und in feine Scheiben hobeln. Das Toastbrot nur leicht toasten, die Rinde entfernen und alle vier Scheiben leicht buttern. Dann zwei Scheiben mit der Gurke belegen. Je Scheibe einen Spritzer Zitronensaft sowie Dill und etwas Salz zugeben. Dann jeweils mit der anderen Brotscheibe bedecken und in klassische Sandwichdreiecke schneiden. Diese Sandwiches schmecken frisch am besten und sind so schnell gemacht, dass man sie einfach morgens vor der Arbeit zubereiten kann.

Hummus-Sandwich
mit Gurke und Sprossen

ZUTATEN FÜR 1 SANDWICH, VEGETARISCH, VEGAN

1 kleine Landgurke
1 Handvoll Radieschensprossen
3 EL Hummus
2 große Scheiben Bauernbrot
1 Spritzer Zitronensaft
frisch gemahlener Pfeffer

Hummus ist ein vegetarischer Brotaufstrich aus Kichererbsen, den es in türkischen, griechischen oder auch israelischen Geschäften sowie im Kühlregal gut sortierter Supermärkte gibt. Dieses Sandwich sollte morgens zubereitet werden, damit es wirklich knackig bleibt.

Dazu die Landgurke waschen, schälen, entkernen und raspeln. Die Radieschensprossen gründlich waschen und abtropfen lassen. Den Hummus großzügig auf eine Brotscheibe streichen und mit den Gurkenraspel belegen. Den Zitronensaft darüberträufeln und das Ganze mit den Radieschensprossen belegen.

Ganz zum Schluss noch etwas frisch gemahlenen Pfeffer auf das Sandwich geben. Die andere Brotscheibe nur locker daraufflegen und das Sandwich gut verpacken, am besten in einer Dose.

Tipp: Sprossen selber ziehen – Wer Super- oder Biomarkt-Sprossen aus Hygienegründen ablehnt, kann die gesunden Knusperkeime leicht selber ziehen. Dafür benötigt man nur ein Anzuchtglas (zum Beispiel von Alnatura) sowie die entsprechenden Samen. Wichtig auch hier: Immer wieder gründlich spülen, damit sich keine Keime bilden können.

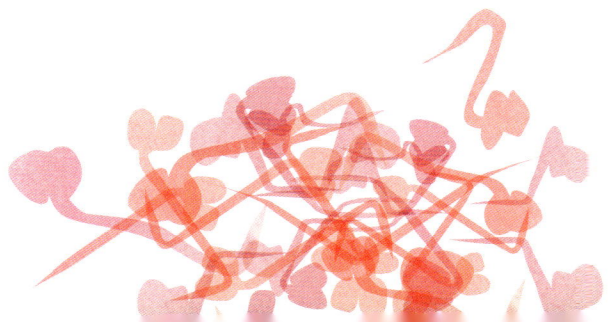

Couscoussalat mit gebratener Aubergine

ZUTATEN FÜR 1 PORTION, VEGETARISCH, VEGAN, ZUM VORBEREITEN

2 Tassen Couscous
1 kleine Aubergine
reichlich Olivenöl
½ Bund Petersilie
2–3 Zweige frische Minze
1 Knoblauchzehe
2 EL Zitronensaft
etwas Fleur de Sel
frisch gemahlener Pfeffer

Da der Salat ziehen soll, kann er gut am Vorabend vorbereitet werden. Dazu den Couscous abmessen und die doppelte Menge Wasser in einem Wasserkocher erhitzen. Den Couscous in eine große Schüssel geben und mit dem kochenden Wasser übergießen. Ziehen lassen.

Die Aubergine waschen, halbieren und in Scheiben schneiden. In einer Pfanne Olivenöl erhitzen und die Auberginenscheiben nach und nach darin anbraten. Bei Bedarf Olivenöl nachgießen. Die fertig gebratenen Scheiben auf Küchenkrepp lagern, damit überschüssiges Fett aufgesaugt werden kann.

Den Couscous mit einer Gabel auflockern und abkühlen lassen. Die Petersilie und die Minze waschen, trockenschleudern und fein hacken. Die Knoblauchzehe fein hacken. Wer keine toleranten Kollegen hat, reibt mit der Knoblauchzehe nur die Salatschüssel aus, alle anderen geben die gehackte Zehe zum Salat dazu.

Die Kräuter ebenfalls zum Couscous geben. Umrühren. Den Zitronensaft, Salz und Pfeffer zugeben, nochmals umrühren und probieren, eventuell nachwürzen. Dann die gebratenen Auberginenscheiben dazugeben und vorsichtig unterheben. Da die Scheiben in reichlich Öl angebraten wurden, muss zum Salat kein weiteres Olivenöl mehr gegeben werden. Den Salat in einem großen Glas oder einer Schüssel bis zum nächsten Tag im Kühlschrank lagern.

Fruchtiger Blattsalat
mit Beeren und Ziegenkäse

ZUTATEN FÜR 1 PORTION, VEGETARISCH

2–3 Salatherzen vom Blattsalat
1 kleiner runder Ziegenkäse
etwas Öl
1 Handvoll Beeren (zum Beispiel Himbeeren oder Johannisbeeren)
1 Zweig Zitronenmelisse
1 EL Zitronensaft
2 EL Olivenöl
Salz
Pfeffer

Dieser Salat lebt vom Gegensatz der säuerlichen Beeren zum cremigen Ziegenkäse und sollte am besten frisch genossen werden. Dazu den Blattsalat waschen, trocken-schleudern und locker in eine Plastikschüssel mit Deckel packen. Den Ziegenkäse in einer Pfanne in etwas Öl kurz anbraten, bis er außen knusprig braun ist. Abkühlen lassen und gut verpacken, am besten in Butterbrotpapier eingeschlagen in einer kleinen Dose, damit er nicht zerdrückt wird. Die Beeren sowie die Zitronenmelisse verlesen, waschen und gut abtropfen lassen. Zum Salat in die Schüssel geben. In einem kleinen Schraubglas die Sauce aus Zitronensaft, Olivenöl, Salz und Pfeffer herstellen und bis zum Gebrauch kalt stellen.
In der Pause den Salat wie folgt anrichten: Erst die Salatblätter sowie Beeren und Zitronenmelissenblättchen in einen tiefen Teller geben, dann das Ganze mit der Sauce übergießen. Den Ziegenkäse entweder kalt dazugeben oder kurz in der Mikro-welle erhitzen. Dazu schmecken Ciabatta oder Vollkornbaguette.

Pennesalat mit getrockneten Tomaten, Feta und Rucola

ZUTATEN FÜR 1 PORTION, VEGETARISCH

2–3 getrocknete Tomaten, in Öl eingelegt
einige Blättchen Oregano
1 Handvoll Rucola
2 Handvoll gekochte Penne
1 Handvoll gewürfelter Feta
2–3 EL Olivenöl
2 EL weißer Balsamicoessig
½ TL Kapern
½ TL Fleur de Sel
etwas frisch gemahlener Pfeffer

Ein klassisches Resterezept für Nudeln, das mit wenig Aufwand schon am Vorabend zubereitet werden kann. Dazu die getrockneten Tomaten in feine Streifen schneiden. Den Oregano sowie den Rucola waschen, trockenschleudern und fein hacken. Die Nudeln in eine Schüssel geben, die Tomaten sowie den gewürfelten Feta, den Rucola und den Oregano zugeben.
Aus dem Olivenöl, dem Essig sowie den Kapern und dem Fleur de Sel eine Salatsauce herstellen und sofort über die Nudeln geben. Mit frischem Pfeffer überstreuen und vorsichtig vermengen.
Das Ganze in eine gut verschließbare Box oder ein großes Weckglas geben und bis zum nächsten Tag kühl lagern. Vor dem Verzehr den Salat nochmals durchrühren und gegebenenfalls nachsalzen – die Nudeln saugen viel Salz auf.

Afrikanischer Kichererbsensalat mit Minze

ZUTATEN FÜR 1 PORTIONEN, VEGETARISCH, VEGAN

1 Dose Kichererbsen
1 gelbe Paprika
1 Handvoll frischer Minze
3 EL Olivenöl extra vergine
Saft einer Zitrone
1 TL Fleur de Sel
½ TL Ras el-Hanout

Dieser Salat kann gut am Vorabend zubereitet werden, da er besser schmeckt, je länger er ziehen kann. Dazu die Kichererbsen in einem Sieb gründlich abtropfen lassen. Die Paprika waschen, halbieren und in feine Streifen schneiden. Die Minze waschen, trocknen und hacken. In einem großen Weckglas oder einer Schüssel die Sauce aus Olivenöl, Zitronensaft sowie Fleur de Sel und Ras el-Hanout herstellen. Die Kichererbsen, die Paprika und die Minze dazugeben. Dazu schmeckt Naan-Brot (gibt es zum Aufbacken im Supermarkt) oder ein kleines Pitabrot vom Bäcker.

Tipp: Ras el-Hanout ist eine marokkanische Gewürzmischung, die man mittlerweile gut im Internet bestellen kann. Sie schmeckt zu arabisch angehauchten Salaten ebenso gut wie zu Fleischgerichten oder klassischem Couscous.

HERBST

Im Herbst lenken goldenes Licht, bunte Farben und reichlich Erntesegen davon ab, dass wir uns vom Sommer verabschieden müssen und die dunkle, kalte Jahreszeit vor uns liegt. Aber spätestens nach einem Spaziergang im ersten Herbststurm stehen wärmende Suppen wieder auf dem Programm. Salate aus Wurzelgemüse und Sandwiches mit Apfel- oder Feigendekoration lassen die herbstliche Farbpalette aufleben und bereiten den Körper mit Vitaminen sowie reichlich Mineralstoffen auf die Erkältungszeit vor.

Zu den bunten Herbst-Zutaten, die nun Saison haben, gehört die *Birne*, eine frisch-fruchtige Ergänzung zu herben Herbstsalaten, außerdem der perfekte Begleiter von strengen französischen Weichkäsesorten auf einer Käseplatte. Neben Birnen gehören natürlich auch die *Trauben* zum Herbst, auch wenn es sie mittlerweile fast ganzjährig gibt. Im Vergleich zu Importware aus Südafrika, Indien oder Südamerika schmecken die europäischen Sorten wie Victoria zur Erntezeit im Herbst aber einfach am besten.

Ab September sind frische *Feigen* aus der Türkei erhältlich, eine echte Bereicherung des Speiseplans. Die in Feigen enthaltenen Vitamine und Mineralstoffe machen sie zu einem wirksamen Mittel gegen Müdigkeit und Konzentrationsschwäche. Frisch genossen sind sie ein toller Begleiter zu Käse, in Kombination mit Joghurt und Honig ein prima Snack zwischendurch.

Äpfel sind wahre Gesundheitswunder. Ihre ganze Wirkung entfalten die im Apfel enthaltenen Antioxidantien im rohen Zustand. Die Auswahl im Herbst ist schier unendlich: Neben klassischen Sorten wie Cox Orange oder Gala gibt es jetzt auch Goldparmäne, Rubinette und Goldene Luise aus heimischem Anbau.

Natürlich darf auch der *Kürbis* nicht fehlen. Das karotinreiche Herbstgemüse gibt es in derart vielen Sorten, dass eine Aufzählung hier den Rahmen sprengen würde. Nur so viel: Für Suppen eignen sich besonders Sorten mit viel Eigengeschmack wie Hokkaido, Muskat-Kürbis oder Butternuss. Auch frischer *Lauch* und *Zwiebeln* haben jetzt Saison. Flammkuchen und neuer Wein gehören zum Herbst wie bunte Blätter und sonniger September. Zwiebeln sind zudem ziemlich gesund: Ihre antibiotische Wirkung entfalten sie als Zwiebeltee oder Zwiebelsuppe, roh sind vor allem die antioxidativen Schwefelverbindungen am Werk, die vor Schlaganfall und Herzinfarkt schützen sollen.

Erdig-blumig schmecken viele der jetzt frisch erhältlichen *Wurzelgemüsesorten*. So zum Beispiel die frischen Bundkarotten, die, süß und saftig, als Salat mit Apfel ein perfekter Vitamin-A-Lieferant sind. Auch Pastinaken, Petersilienwurzeln und Rote Bete sind frisch zu haben und eignen sich hervorragend als Zutaten für herbstliche Eintöpfe. Der Knollensellerie darf in keiner kräftigen Suppe fehlen, ist er doch *das* Suppengemüse schlechthin. Aber auch als Salat macht die Knolle eine gute Figur – man denke nur an den Waldorf-Salat, der den herben Sellerie mit frischen Äpfeln und Trauben kombiniert.

Karotten-Ingwer-Suppe

FÜR 4 PORTIONEN, ZUM EINFRIEREN, VEGETARISCH

1 kg Karotten	750 ml Gemüsebrühe
1 daumengroßes Stück Ingwer	Saft von ½–1 Orange
1 Zwiebel	2 Kartoffeln
1 Knoblauchzehe	Salz
1 EL Butter	Pfeffer
1 Prise Zucker	etwas Muskatnuss
1 TL Kreuzkümmel	1 Handvoll zerstoßene Koriandersamen

Diese Suppe bringt mit ihrer frischen Farbe und leichten Schärfe Pep in jeden grauen Herbsttag. Dazu die Karotten putzen und in feine Scheiben schneiden. Den Ingwer schälen und raspeln. Die Zwiebel und die Knoblauchzehe fein würfeln. Die Butter in einem großen Topf schmelzen und die Zwiebeln sowie den Knoblauch darin anschwitzen. Die Karotten und den Ingwer dazugeben und anbraten. Mit einer Prise Zucker kurz karamellisieren, den Kreuzkümmel dazugeben und dann mit der Brühe sowie dem Orangensaft ablöschen. Je nach Größe der Orange nimmt man den Saft einer halben bis einer Orange. Ingesamt sollte man so viel Flüssigkeit verwenden, dass das Gemüse knapp bedeckt ist.

Dann die Kartoffeln schälen, waschen und in feine Würfel schneiden. Zur Suppe geben und diese auf mittlerer Flamme ca. 40 Minuten köcheln lassen. Wenn die Karotten sowie die Kartoffeln gar sind, die Suppe vom Herd nehmen und kurz abkühlen lassen. Dann im Mixer fein pürieren. Mit Salz, Pfeffer sowie einer Prise Muskatnuss abschmecken. 2–3 Portionen (je nach gewünschter Größe) in Gefrierbehälter einfüllen und einfrieren. Die übrige Portion im Kühlschrank für den nächsten Tag aufbewahren. Die Koriandersamen in einem kleinen Schraubglas mitnehmen und die Suppe nach dem Anrichten damit bestreuen. Dazu schmecken Vinschgerl.

Restetipp: Wer noch Reis vom Vortag übrig hat, nimmt diesen als Suppeneinlage und verzichtet auf das Brot.

Tipp: Ingwer kann gut eingefroren werden und noch gefroren zum Beispiel mit einer Käsereibe in das Gericht gerieben werden. Ingwerpulver ist viel intensiver im Geschmack und sollte daher für diese Suppe nicht verwendet werden.

Vegetarisches Kürbis-Chili

ZUTATEN FÜR 2–3 PORTIONEN, ZUM VORBEREITEN, ZUM EINFRIEREN, VEGETARISCH

1 kleiner Hokkaido-Kürbis
4 Kartoffeln
1 Karotte
1 Gemüsezwiebel
2 Knoblauchzehen
2 EL Olivenöl
1 Chilischote (optional)
1 TL Paprika süß
1 TL Paprika rosenscharf

500–750 ml Gemüsebrühe
1 Dose Tomaten
1 Dose Kidneybohnen
1 TL Kreuzkümmel
1 TL Cayennepfeffer
1 TL Oregano
Salz
Pfeffer

Kürbis ist so vielseitig, dass er sogar als Basis eines Chilis eine gute Figur macht. Dieses wärmende Eintopfgericht lässt sich prima vorbereiten und kommt auch auf Büropartys gut an. Dafür die Menge einfach verdoppeln.

Den Kürbis abwaschen, den Stiel- und Blütenansatz abschneiden, den Kürbis halbieren, entkernen und in mundgerechte Stücke schneiden. Die Kartoffeln sowie die Karotte schälen, waschen und würfeln. Die Gemüsezwiebel halbieren und in feine Ringe schneiden, den Knoblauch fein hacken.

In einem großen Topf das Olivenöl erhitzen und die Zwiebel sowie den Knoblauch darin glasig dünsten. Wer es extra scharf mag, dünstet eine Chilischote mit an. Das Gemüse dazugeben und ebenfalls 5 Minuten mitdünsten, dann mit dem Paprikapulver bestäuben und umrühren. Mit der Brühe angießen, so dass das Gemüse knapp mit Flüssigkeit bedeckt ist. Die Dose Tomaten zugeben und alles ca. 35 Minuten auf kleiner Flamme köcheln lassen. Dann die Kidneybohnen sowie den Kreuzkümmel, den Cayennepfeffer und den Oregano dazugeben. Mit Salz und frisch gemahlenem Pfeffer pikant abschmecken.

Nochmals 10 Minuten köcheln lassen. Eine Portion für den nächsten Tag in einen geeigneten Behälter geben, die restlichen Portionen einfrieren.

Dazu schmecken Tortilla-Chips oder frisches Bauernbrot mit Butter. Wer vom Vortag noch Reis oder Couscous übrig hat, kann auch diesen dazu genießen. Besonders lecker: Beim Anrichten einen Klecks saure Sahne in das Chili geben.

Wurzelgemüse-Topf

ZUTATEN FÜR 2–3 PORTIONEN, ZUM VORBEREITEN, ZUM EINFRIEREN

1 Zwiebel
1 kleine Sellerieknolle
2 Pastinaken
2 Karotten
Olivenöl
1 l Hühnerbrühe
1 Lorbeerblatt
2 Zweige frischer oder 1 TL gerebelter Thymian
1 Handvoll Champignons
1 Handvoll frischer Petersilie
Salz
frisch gemahlener Pfeffer

Ein superschneller Eintopf, der gut am Vorabend oder am Wochenende zubereitet werden kann. Dazu die Zwiebel schälen und fein hacken. Den Sellerie sowie die Pastinaken schälen, abspülen und in mundgerechte Würfel schneiden. Die Karotten putzen und in dünne Scheiben schneiden. Das Öl in einem großen Topf erhitzen und die Zwiebeln darin goldgelb andünsten, das Wurzelgemüse dazugeben und kurz mit andünsten. Dann mit der Brühe ablöschen, das Lorbeerblatt sowie den Thymian dazugeben, das Ganze aufkochen lassen und danach bei mittlerer Hitze ca. 30 Minuten kochen.

Währenddessen die Pilze putzen und in Scheiben schneiden, die Petersilie waschen und fein wiegen. Die Pilze sowie die Petersilie nach Ablauf der 30 Minuten in die Suppe geben und diese nochmals 10 Minuten köcheln lassen. Dann das Ganze mit Salz und frisch gemahlenem Pfeffer abschmecken. Die Suppe abkühlen lassen, eine Portion für den nächsten Tag im Kühlschrank lagern, die restlichen Portionen einfrieren. Dazu schmeckt eine Scheibe Bauernbrot.

Schottische Lauchsuppe Cock-a-Leekie

ZUTATEN FÜR 4 PORTIONEN, ZUM EINFRIEREN, ZUM VORBEREITEN

2 Hühnerschenkel
4 Stangen Lauch
1 Lorbeerblatt
4 Pimentkörner
1 Handvoll Backpflaumen
Salz
Pfeffer

Ein traditioneller schottischer Eintopf, der mit wenigen Zutaten auskommt und sehr einfach zuzubereiten ist. Dazu die Hühnerschenkel abspülen und in einen großen Suppentopf geben. Die Lauchstangen in den grünen Teil und den weißen unteren Teil trennen. Die grünen Teile halbieren und gründlich waschen. Den weißen Teil des Lauches für später beiseitelegen.

Die grünen Lauchteile zusammen mit dem Lorbeer und dem Piment zu den Hühnerschenkeln geben und mit so viel Wasser angießen, dass die Schenkel mit ca. 1 Handbreit Flüssigkeit bedeckt sind. Das Ganze zugedeckt 1,5 Stunden köcheln lassen, zwischendurch eventuell entstandenen Schaum abschöpfen.

Dann die Hühnerschenkel sowie die Gewürze und die grünen Lauchteile entfernen. Die Gewürze und Lauchteile entsorgen. Die Haut der Hühnerschenkel entfernen, das Fleisch vom Knochen zupfen, in feine Stücke reißen und wieder zur Brühe geben. Nun die weißen Lauchteile putzen, in feine Ringe schneiden und zusammen mit den Backpflaumen zur Brühe geben. Mit Salz und Pfeffer abschmecken und nochmals 10 Minuten kochen, bis der Lauch weich ist.

Die Suppe abkühlen lassen, eine Portion für den nächsten Tag in einem geeigneten Behälter im Kühlschrank lagern, die restlichen Portionen einfrieren. Dazu schmeckt selbstgebackenes Soda-Brot mit Butter.

Ciabatta mit Ziegenkäse, Birnenspalten und Friséesalat

ZUTATEN FÜR 1 SANDWICH, VEGETARISCH

⅓ Ziegenkäserolle
1 normales Ciabatta
etwas Butter
etwas Honig
¼ reife Birne
1 Handvoll Friséesalat
1 Spritzer Zitronensaft
etwas frisch gemahlener Pfeffer

Das Sandwich am besten morgens frisch zubereiten, damit die Birne nicht unansehnlich braun und der Salat schlapp wird. Dazu die Ziegenkäserolle in dünne Scheiben schneiden. Das Ciabatta aufschneiden und beide Seiten buttern. Eine Seite dünn mit Honig bestreichen und mit dem Käse belegen. Die Birne in feine Spalten schneiden und das Sandwich damit belegen. Die Birne sollte reif und saftig sein!
Den Friséesalat waschen, gründlich trockenschleudern und zum Schluss auf das Sandwich legen. Ein wenig Zitronensaft darüberträufeln, nach Belieben frischen Pfeffer darübermahlen und mit der anderen Brötchenhälfte belegen. Das Sandwich luftdicht verpacken und bis zum Verzehr im Kühlschrank lagern. Als Snack dazu schmecken Walnüsse.

Tipp: Reste von Friséesalat schmecken prima als Beilage zu Schnitzel mit Kartoffelsalat!

Hühnersandwich mit Cranberrys

ZUTATEN FÜR 2 SANDWICHES

1 Hühnerbrustfilet
Salz
Pfeffer
etwas Mehl
½ TL Olivenöl
½ TL Butter + etwas für das Brot
2 EL Mayonnaise
1 EL Zitronensaft
1 TL Currypulver
2 EL getrocknete Cranberrys
4 Scheiben saftiges Körnerbrot
2–4 Blatt Kopfsalat

Der Belag kann schon am Vorabend zubereitet werden: Dazu die Hühnerbrust salzen sowie pfeffern, in ein wenig Mehl wenden und in einer Pfanne in je ½ TL Olivenöl und Butter bei mittlerer Hitze pro Seite 5 Minuten anbraten. Dann einen Deckel auf die Pfanne geben und bei kleiner Hitze 10 Minuten ziehen lassen, ohne den Deckel abzunehmen. Aus der Pfanne nehmen, abkühlen lassen und in kleine Würfel schneiden. In einer Schüssel dann den Sandwichbelag zubereiten: Die Mayonnaise mit dem Zitronensaft, dem Currypulver sowie Salz und Pfeffer zu einer glatten Masse rühren. Abschmecken. Die Cranberrys sowie die Hühnerwürfel dazugeben und gut vermengen. Über Nacht im Kühlschrank durchziehen lassen.
Am Morgen die Brotscheiben buttern und zwei Scheiben mit dem Hühnersalat belegen. Ein wenig Platz zum Rand frei lassen, damit beim Andrücken der anderen Brotseiten nichts hinausgequetscht wird. Die Salatblätter waschen, trocknen und die Sandwiches damit belegen. Jeweils mit der andern Brotscheibe zudecken. In Frischhaltefolie einwickeln und bis zum Verzehr kühl lagern.

Tipp: Dieses Sandwich ist ein prima Resterezept, wenn man das Brustfleisch eines Suppenhuhns verwendet.

Veggie-Burger

ZUTATEN FÜR FÜNF BURGER-
PATTIES, ZUM EINFRIEREN,
VEGETARISCH

3–4 Handvoll rote Linsen
300 ml Gemüsebrühe
1 kleine Gemüsezwiebel
1 Karotte
5 Handvoll feine Haferflocken
1 großes Ei
Salz und Pfeffer
Öl und etwas Mehl

ZUTATEN FÜR EINEN BURGER

1 Brötchen
1 Salatblatt
1 kleine Frühlingszwiebel
1 Gewürzgurke
1 Cocktailtomate
etwas Mayonnaise
etwas Kechtup

Diese Burger-Variante ist fleischlos und fettarm und darum als Lunch wunderbar geeignet. Die Patties können gut vorgekocht werden. Dazu die Linsen in der Gemüsebrühe ca. 15 Minuten gar kochen und ausquellen lassen. Überschüssige Brühe abschütten, die Linsen abkühlen lassen. Die Zwiebel schälen und fein würfeln. Die Karotte putzen und raspeln. Die Linsen zusammen mit den Haferflocken, den Karottenraspel, dem Ei, der Zwiebel sowie etwas Salz und Pfeffer zu einer Masse vermengen. In einer Pfanne etwas Fett erhitzen, mit bemehlten Fingern aus der Linsenmasse Kugeln formen und vorsichtig in die Pfanne setzen. Auch wenn es erst etwas klebrig wirkt, Geduld haben. Sobald die Unterseite der Masse fest ist, können die Patties problemlos mit einem Pfannenwender gedreht werden. Etwas plattdrücken und von der anderen Seite ebenfalls goldbraun anbraten. Die fertigen Burgerpatties auf einem Stück Küchenkrepp abkühlen lassen. Ein Patty bis zum nächsten Tag im Kühlschrank lagern. Vier Patties abgekühlt einfrieren für späteren Gebrauch.
Für den Veggie-Burger das Brötchen aufschneiden. Das Salatblatt waschen und trocknen. Die Frühlingszwiebel putzen und in feine Ringe schneiden. Die Gewürzgurke sowie die Cocktailtomate in feine Scheiben schneiden. Zuerst auf die untere Brötchenhälfte Mayonnaise geben. Die andere Hälfte mit Ketchup bestreichen. Dann das Salatblatt auf die untere Brötchenhälfte geben. Es folgen das Burgerpatty, dann die Gurke sowie die Tomate und die Zwiebelringe. Zum Schluss die obere Hälfte auflegen. Der Burger muss am Morgen zubereitet werden.

Bauernbrot mit Allgäuer Bergkäse und Feigen

ZUTATEN FÜR 1 SANDWICH, VEGETARISCH

2 große Scheiben Bauernbrot
etwas Butter
4 Scheiben Allgäuer Bergkäse
1 Feige
etwas Pfeffer
1 Salatblatt

Dieses fruchtig-pikante Sandwich ist sehr schnell gemacht und sollte am Morgen frisch zubereitet werden, damit es mittags noch schön knackig schmeckt. Dazu die Brotscheiben buttern und mit Bergkäse belegen, je Seite zwei Scheiben. Wer Bergkäse im Stück hat, hobelt die entsprechende Menge Käse ab. Die Feige waschen und in Scheiben schneiden. Wichtig ist, dass die Feige nicht überreif ist – dann schmeckt sie nicht mehr wirklich und das Brot weicht schnell durch. Zum Schluss etwas Pfeffer über die Feigen mahlen, das Sandwich mit einem gewaschenen und getrockneten Salatblatt belegen und die andere Brothälfte andrücken.

Feldsalat mit Saint Agur und Feigen

ZUTATEN FÜR 1 PORTION, VEGETARISCH, ZUM VORBEREITEN

3 Handvoll Feldsalat
2 EL Olivenöl
1 EL Balsamicoessig
1 Prise Salz
etwas frisch gemahlener Pfeffer
250 g Saint Agur
2 frische Feigen

Ein fruchtiger Salat, der dank des Saint Agur schön satt macht. Der Salat kann abends vorbereitet werden.

Dazu den Feldsalat sorgfältig putzen, waschen und trocknen. Gut verpackt im Kühlschrank lagern.

In einem kleinen Schraubglas die Sauce aus dem Olivenöl, dem Balsamico, Salz und Pfeffer herstellen. Beim Salz lieber etwas sparsam sein, weil der Käse recht deftig ist. Den Käse gewürfelt in einer eigenen Verpackung transportieren. Die Feigen können bereits zu Hause gewaschen werden, sollten aber erst kurz vor dem Verzehr verarbeitet werden. Beim Transport aufpassen, dass sie nicht zerdrückt werden.

Zum Genießen den Feldsalat auf einem Teller anrichten, den Käse darübergeben, alles mit der Salatsauce übergießen. Die Feigen vierteln und um den Salat anrichten. Dazu schmecken Baguette, Ciabatta oder auch Roggenbrot.

Ploughman's Sandwich mit Cheddar, Apfelscheiben und süßem Senf

ZUTATEN FÜR 2 KLEINE SANDWICHES, ZUM VORBEREITEN, VEGETARISCH

1 Cornichon
1 EL süßer Senf oder Honigsenf
1 TL Balsamicoessig
½ TL Cayennepfeffer
½ säuerlicher Apfel (z.B. Boskop, Rubinette)
Salz
etwas Pfeffer
1 Spritzer Worcestersauce (optional)
4 Scheiben Irisches Sodabrot oder Bauernbrot
etwas Butter
1 Handvoll geraspelter Cheddar

Ploughman's Lunch ist ein traditionelles englisches Mittagessen, das aus herzhaftem Käse, ein paar Scheiben Sodabrot und den berühmten Branston-Pickles besteht. Für das Sandwich stellen wir eine Art Instant-Pickle her, was bereits am Vorabend geschehen kann. Dazu das Cornichon fein hacken und zusammen mit dem Senf, dem Essig, dem Cayennepfeffer sowie dem halben Apfel, ebenfalls fein gehackt, in einer Schüssel vermengen und mit Salz sowie Pfeffer abschmecken. Wer Worcestersauce im Vorrat hat, kann auch noch einen Spritzer davon verwenden, so werden die Pickles noch fruchtiger. Die Sauce dann bis zur Zubereitung des Sandwiches kühl lagern. Die Sodabrotscheiben (Rezept siehe Seite 17) buttern. Wer keine Zeit und Lust hat, das Brot selber zu backen, kann alternativ Bauernbrot verwenden. Den geraspelten Cheddar auf den unteren Brothälften verteilen und mit den Pickles belegen, die oberen Brothälften andrücken. Gut verpackt transportieren!

Kidney-Thunfisch-Salat

ZUTATEN FÜR 2 PORTIONEN, ZUM VORBEREITEN

1 Dose Thunfisch
1 Dose Kidneybohnen
1 Frühlingszwiebel oder Lauchringe
frische oder TK-Petersilie
3 EL Olivenöl
2 EL Balsamicoessig
1 TL Fleur de Sel
Pfeffer

Dieser Salat ist sehr nahrhaft und perfekt für ganz Eilige, denn er ist blitzschnell gemacht! Dazu den Thunfisch sowie die Kidneybohnen jeweils in ein Sieb geben und abtropfen lassen. Währenddessen die Frühlingszwiebel putzen und in feine Ringe schneiden. Wer mag, kann stattdessen auch eine Handvoll Lauchringe nehmen, vorzugsweise vom weißen Teil des Lauchs. Wird frische Petersilie verwendet, diese waschen, trockenschleudern und fein hacken.

In einer Tupperschüssel die Sauce aus dem Olivenöl, dem Balsamico sowie Salz und Pfeffer herstellen. Den Thunfisch, die Kidneybohnen, die Lauchzwiebeln und die Petersilie dazugeben und alles gut vermengen. Salz sowie Pfeffer nach Geschmack dazugeben. Der Salat kann über Nacht gut im Kühlschrank durchziehen. Vor dem Verzehr nochmals umrühren und gegebenenfalls nachsalzen. Dazu schmeckt Baguette.

Selleriesalat
mit kandierten Walnüssen

ZUTATEN FÜR 1 PORTION, ZUM VORBEREITEN, VEGETARISCH

½ Sellerieknolle
1 EL Walnussöl
1 EL Naturjoghurt
1 EL Zitronensaft
Salz
Pfeffer
etwas Öl
1 TL Honig oder Ahornsirup
10 Walnüsse

Dieser Salat kann gut am Vorabend zubereitet werden. Dazu den Sellerie schälen, abwaschen, halbieren und fein hobeln. Die Salatsauce aus dem Walnussöl, dem Joghurt, dem Zitronensaft, Salz und Pfeffer mixen und über den Sellerie geben. Das Ganze gut vermengen und luftdicht verpackt im Kühlschrank lagern.
In einer kleinen Pfanne etwas Öl erhitzen und den Honig oder Ahornsirup darin schmelzen lassen. Wenn der Honig/Ahornsirup aufschäumt, die Walnüsse dazugeben und die Pfanne sofort von der Herdplatte nehmen. Dabei vorsichtig hantieren, denn heißer Zucker kann schlimme Verbrennungen verursachen! So oft wenden, bis alle Walnüsse mit einer feinen Karamellschicht bedeckt sind. Dann auf einem Küchenkrepp abkühlen lassen und in eine kleine Tupperdose geben.
Am nächsten Tag am Arbeitsplatz den Selleriesalat in einem tiefen Teller anrichten, mit den kandierten Walnüssen garnieren und genießen. Dazu schmeckt Vollkornbrot mit Butter.

Tipp: Wer den Salat zum Sofortverzehr macht, zum Beispiel als Teil eines Sonntagsbrunchs, kann noch einen grob geraspelten Apfel dazugeben.

Bunter Salat mit kalten Tortellini

ZUTATEN FÜR 1 PORTION, ZUM VORBEREITEN

2–3 Handvoll Pflücksalatmischung
1 Frühlingszwiebel
2 EL Walnussöl
1 EL Balsamicoessig
½ TL süßer Senf
eine Prise Zucker
½ TL Fleur de Sel
Pfeffer
1 Handvoll kalte Tortellini vom Vortag

Das perfekte Resterezept, wenn man vom Vorabend noch eine Handvoll Tortellini
übrig hat. Dazu die Nudeltaschen über Nacht kühl und gut verpackt aufgewahren.
Man kann den Salat vorbereiten, indem man die Pflücksalatmischung wäscht und
trockenschleudert. Luftdicht verpackt im Kühlschrank aufbewahren.
Für die Sauce die Frühlingszwiebel von den äußeren Blättern befreien, waschen
und in feine Ringe schneiden. In einem kleinen Schraubglas die Sauce aus Walnussöl, Essig, Senf, Zucker sowie Salz und Pfeffer herstellen. Abschmecken, dann die
Frühlingszwiebel dazugeben. Zur Lunchtime gibt man zuerst den Pflücksalat auf
den Teller, garniert dann die Tortellini drum herum und übergießt das Ganze mit der
Sauce.

WINTER

Winter kann schön sein, wenn auf dem Weihnachtsmarkt die ersten Schneeflocken tanzen und man sich genüsslich dem Glühwein widmet. Winter kann aber auch unangenehm sein, zum Beispiel, wenn alles einfach nur Grau in Grau ist. Wie gut, wenn dann ein Topf warme Suppe auf einen wartet oder ein bunter Salat über das Schmuddelwetter und die dunklen Tage hinweg tröstet.

Winterzeit ist *Krautzeit*. Eine Weihnachtsgans oder Ente ist zum Beispiel ohne Rotkrautbeilage kaum vorstellbar. Dabei schmeckt das rote Kraut auch roh sehr gut, zum Beispiel als Salat. Es steckt nicht nur voller Vitamine, sondern hat auch einen hohen Gehalt an Eisen sowie Kalzium. Auch Weißkraut ist voller Vitamine, Folsäure und anderer guter Inhaltsstoffe, die das gerade im Winter angegriffene Immunsystem stärken. Es wird bei uns viel als Sauerkraut verzehrt, während es zum Beispiel in Italien in die Suppe kommt und im angelsächsischen Raum gerne roh als Coleslaw – einer Art Krautsalat – verzehrt wird.

Durch ihre gute Lagerfähigkeit sind auch die *Kartoffeln* ein dankbares Wintergemüse. Und was gibt es an eisigen Tagen Besseres, als einen Teller warmer Kartoffelsuppe oder einen cremig-käsigen Kartoffelauflauf?

Wenn die Auswahl an frischem Gemüse immer geringer wird, kann man außerdem gut auf *Hülsenfrüchte* zurückgreifen, die getrocknet nahezu ewig halten. Neben Erbsen und Bohnen sind das vor allem die Linsen, die den Vorteil haben, auch ohne vorheriges Einweichen schnell gar zu sein. Gerade Berglinsen oder rote Linsen sind blitzschnell fertig gekocht. Linsen sind außerdem eine wunderbare Alternative zu Fleisch, da sie voller guter Proteine stecken.

Ein wenig Frische bringen *Fenchel* und *Feldsalat* in den Winter. Fenchel mit seinem milden, anisartigen Geschmack ist, roh genossen, eine gute Alternative zu völlig überteuerten, nach Kunstdünger schmeckenden Blattsalaten aus dem Gewächshaus. Er ist reich an Vitamin A und C und zudem sehr kalorienarm.

Feldsalat, auch Ackersalat genannt, ist einer der wenigen Salate, der auch bei ärgsten Temperaturen im Freiland wächst. Wer einen kleinen Garten hat, kann versuchen, ihn an geschützter Stelle selber anzubauen. Alle anderen gehen auf den Markt und kaufen den Ackersalat direkt von Bauern. Aber auch der im Supermarkt angebotene Salat ist meist von guter Qualität. Eines macht Feldsalat aber immer: große Mühe beim Waschen und Putzen. Aber diese Mühen lohnen sich für einen frischen, grünen Salat in der sonst fast gänzlich salatfreien Winterzeit. Eine noch eher unbekannte Alternative zu Feldsalat ist *Portulak*, ein extrem widerstandsfähiges Gewächs, das durch seinen leicht nussigen Geschmack besticht. Erhältlich ist Portulak mittlerweile in Bioläden und auf dem Markt

Und natürlich ist Winterzeit Zitruszeit. Jetzt gibt es erntefrische *Zitrusfrüchte* im Überfluss. Ein frisch gepresster Orangensaft am Morgen ist der richtige Frischekick, aber auch als Salatzutat sind Orangen wunderbar.

Kichererbsentopf mit Süßkartoffeln

ZUTATEN FÜR 3–4 PORTIONEN, ZUM EINFRIEREN, VEGETARISCH

1 Dose Kichererbsen
2 Süßkartoffeln
1 Gemüsezwiebel
3 Stangen Sellerie
1 Karotte
den weißen Teil einer Stange Lauch
2–3 Knoblauchzehen
1 EL Olivenöl
3–4 EL Tomatenmark

1 Handvoll TK-Kräuter (italienisch oder
  6 Kräuter)
2 TL gekörnte Brühe
1 TL Kreuzkümmel
Meersalz
frisch gemahlener Pfeffer
pro Portion: eine Handvoll frischer
  Koriander

Diese Suppe kann gut am Vorabend vorbereitet werden. Dazu die Kichererbsen in einem Sieb abtropfen lassen. Die Süßkartoffeln schälen und in mundgerechte Würfel schneiden. Die Zwiebel häuten, halbieren und in feine Ringe schneiden. Den Sellerie schälen, waschen und in feine Stücke schneiden. Die Karotte ebenfalls putzen und würfeln. Von einer Stange Lauch den unteren, weißen Teil nehmen, putzen und in Ringe schneiden. Die Knoblauchzehen häuten und fein wiegen. In einem großen Topf 1 EL Olivenöl erhitzen und die Zwiebeln sowie den Knoblauch und das Gemüse 5 Minuten darin anschwitzen. Dann mit 1 l Wasser angießen, das Tomatenmark sowie die Kräuter, die Brühe und die Gewürze (außer dem Koriander) zufügen und auf mittlerer Flamme ca. 30 Minuten köcheln lassen. Die Kichererbsen 15 Minuten vor dem Ende der Garzeit zugeben. Die Suppe mit Salz und Pfeffer abschmecken und abkühlen lassen.

Den Koriander ungewaschen mitnehmen und erst kurz vor dem Servieren abspülen. Wer Koriander nicht mag, kann dieses Gericht stattdessen mit frischer Petersilie garnieren oder kurz vor dem Verzehr ein wenig Feta über den Eintopf krümeln. Auch die Blätter von Stangensellerie, fein gehackt, schmecken sehr gut zu diesem Gericht. Eine Portion Eintopf für den nächsten Tag im Kühlschrank in einer geeigneten Verpackung aufbewahren, die restlichen Portionen einfrieren. Der Eintopf ist relativ gehaltvoll, daher kann man ihn solo ohne Brot essen. In der Zwischenzeit den Koriander waschen, trockenschleudern und in einer kleinen Tupperschüssel bis zum nächsten Tag aufbewahren.

Linsen-Curry-Suppe

ZUTATEN FÜR 4 PORTIONEN, ZUM EINFRIEREN, VEGETARISCH, VEGAN

1 Zwiebel

1 Knoblauchzehe

1 Stange Lauch

1 EL neutrales Öl

1 EL Currypulver

1 TL Kurkuma

4 Handvoll gelbe oder rote Linsen

1 Handvoll Belugalinsen

1 EL Tomatenmark

1 Dose Kokosmilch

Salz

pro Portion: eine Handvoll Cashewkerne und etwas frischer Koriander

Diese indisch angehauchte Suppe wärmt von innen und lässt sich gut vorbereiten. Dazu die Zwiebel sowie den Knoblauch schälen und fein hacken. Den Lauch putzen, waschen und in Ringe schneiden. In einem großen Topf das Öl erhitzen und die Zwiebel, den Lauch sowie den Knoblauch darin anbraten. Mit dem Currypulver sowie der Kurkuma überstäuben, zwei-, dreimal umrühren und dann sofort mit 1 l Wasser ablöschen. Die Linsen gemeinsam mit dem Tomatenmark dazugeben und mindestens 35 Minuten köcheln lassen, bis alle Linsen weich sind. Die Kokosmilch dazugeben, kurz aufkochen lassen und dann mit Salz abschmecken.

Eine Portion für den nächsten Tag im Kühlschrank aufbewahren, die anderen Portionen in geeigneten Behältern einfrieren. Die Cashewkerne klein hacken und ohne Fett in einer beschichteten Pfanne unter ständigem Rühren anrösten. Sie sind gut, wenn sie leicht gebräunt sind und nussig duften. Abkühlen lassen und in einer kleinen Tupperschüssel aufbewahren. Den Koriander ungewaschen mitnehmen und erst kurz vor dem Servieren kurz abspülen.

Zum Anrichten die aufgewärmte Suppe in einen tiefen Teller geben, mit Cashewkernen sowie Koriander garnieren und genießen.

Dazu schmecken Naan- oder Fladenbrot, aber auch ein frisches Bauernbrot mit Butter.

Restetipp: Als Suppeneinlage eignet sich gut Basmatireis vom Vortag.

Französischer Bohnen-Linsen-Topf

ZUTATEN FÜR 4 PORTIONEN, ZUM EINFRIEREN

300 g gemischte getrocknete Bohnen

150 g Vollkornreis

150 g Linsen

1 EL Olivenöl

1 Zwiebel

1 Knoblauchzehe

3–4 Stangen Sellerie mit Blättern

1 Dose gehackte Tomaten

2 Zweige Thymian

1 Lorbeerblatt

250–300 g Rauchfleisch am Stück

1 TL Gemüsebrühe

2 EL Balsamicoessig

wenig Salz

Pfeffer

Dieser deftige Eintopf ist auch für hungrige Mittagesser gut geeignet und kann gut am Wochenende vorbereitet werden. Dazu die Bohnen sowie den Reis waschen und 12 Stunden in Wasser einweichen. Je nachdem, welche Sorten Linsen man verwendet, diese mit einweichen. Kleine braune bzw. rote Linsen müssen nicht eingeweicht werden.

Das Einweichwasser wegschütten, die Bohnen sowie den Reis in einem feinmaschigen Netz spülen und abtropfen lassen. In einem großen Topf das Olivenöl erhitzen. Die Zwiebel sowie den Knoblauch schälen und grob hacken. Den Stangensellerie waschen und in feine Stücke schneiden, das Blattgrün grob hacken. Die Zwiebeln sowie den Knoblauch im Öl glasig dünsten, dann die Dosentomaten, den Stangensellerie sowie die Bohnen, den Reis und die Linsen dazugeben. Mit 1 l Wasser angießen. Die Thymianzweige, das Lorbeerblatt, das Rauchfleisch sowie die Gemüsebrühe zugeben. Den Eintopf ganz kurz aufkochen und dann zugedeckt bei kleiner Hitze 1,5 Stunden köcheln lassen, bis alle Bohnen weich sind und das Fleisch zerfallen ist. Wichtig: Damit die Bohnen weich werden, darf das Gericht erst nachträglich gesalzen werden. Dazu den Eintopf mit Balsamico, Salz und Pfeffer abschmecken. Vorsichtig salzen, denn je nachdem, wie würzig das Rauchfleisch ist, braucht man kaum zusätzliches Salz. Eine Portion des Eintopfs für den nächsten Tag abfüllen, den Rest abkühlen lassen und portionsweise einfrieren. Als Beilage schmeckt ein frisches Vollkornbaguette.

Weißkrautsuppe mit Rindfleisch

ZUTATEN FÜR MINDESTENS 4 PORTIONEN, ZUM EINFRIEREN

1 Stück Suppenfleisch vom Rind mit Knochen (ca. 300 g)

2 Karotten

1 Stange Lauch

½ Sellerieknolle

Salz

etwas frisch gemahlener Pfeffer

1 Lorbeerblatt

½ Kopf Weißkraut

3 Kartoffeln

2 EL Kümmelsaat

Die Zubereitung dieser Suppe braucht etwas Zeit und ist daher ein gutes Projekt fürs Wochenende. Bei der hier angegebenen Menge bleibt aber reichlich zum Sofortessen, für den nächsten Tag sowie zum Einfrieren übrig, so dass sich der Aufwand lohnt. Die Rinderbrühe mit 1 l kaltem Wasser ansetzen. Während das Wasser heiß wird und das Fleisch anfängt zu garen, das Suppengemüse, also die Karotten, den Lauch und den Sellerie putzen, waschen und fein würfeln. Wenn das Wasser kocht, etwaigen Schaum mit einem Löffel abschöpfen. Das Suppengrün sowie Salz, Pfeffer und das Lorbeerblatt zugeben, die Flamme herunterdrehen und die Suppe ca. 5 Stunden köcheln lassen.

In der Zwischenzeit die äußeren Blätter des Kohls entfernen, den Kopf vierteln, den Strunk ausschneiden und den Kohl mit einem sehr scharfen Messer in feine Stücke (ca. 5 x 5 mm) schneiden. Die Kartoffeln schälen, waschen und würfeln. Nach dem Ende der Kochzeit der Brühe das Lorbeerblatt entnehmen. Das Fleisch herausnehmen, etwas abkühlen lassen und dann von Sehnen, Fett sowie Knochen befreien und in Würfel schneiden. Die Fleischwürfel wieder zur Suppe geben, den Kohl zugeben und die Suppe nochmals 1 Stunde auf mittlerer Flamme köcheln lassen. 20 Minuten vor Ende der Garzeit die Kartoffelwürfel sowie den Kümmel dazugeben, nochmals mit Salz abschmecken. Einen Teller sofort genießen. Eine Portion für den nächsten Tag im Kühlschrank aufbewahren, den Rest nach dem Abkühlen einfrieren. Dazu schmeckt kräftiges Bauernbrot mit Butter.

Bauernbrot mit Linsenaufstrich und Portulak

ZUTATEN FÜR LINSENAUFSTRICH, ZUM VORBEREITEN, VEGETARISCH, VEGAN

1–2 Handvoll rote Linsen	1 EL Tomatenmark
½ TL Kreuzkümmel	Salz
½ TL Oregano	1 Spritzer Balsamicoessig
1 TL gekörnte Gemüsebrühe	1 TL Olivenöl

Es muss nicht immer Leberwurst sein! Dieser vegetarische Aufstrich ist pikant, aber nicht so fett wie Wurst. Er kann gut vorbereitet werden. Dazu die Linsen zusammen mit den Gewürzen, der Brühe, dem Tomatenmark und 200 ml Wasser kochen, bis alles ganz weich ist. Gegen Garende etwas öfter umrühren, damit nichts anbrennt. Eventuell muss noch etwas Wasser dazugegeben werden. Dabei aber darauf achten, dass die Masse schön cremig bleibt und nicht zu wässrig wird. Sind die Linsen gegart, die Masse abkühlen lassen und dann im Mixer pürieren. Den Brotaufstrich mit etwas Salz und einem Hauch Balsamico abschmecken. Das Öl hinzufügen. In einem sterilisierten Schraubglas hält sich der Aufstrich im Kühlschrank ca. 3 Tage.

ZUTATEN FÜR DAS SANDWICH

1 Handvoll Portulak
Linsenaufstrich
2 Scheiben Bauernbrot
evtl. etwas Zitronensaft und frisch gemahlener Pfeffer

Den Portulak verlesen, waschen und abtropfen lassen. Den Linsenaufstrich auf beide Brothälften streichen, eine Hälfte mit Portulak belegen und mit der anderen Brothälfte bedecken. Wer mag, kann zum Portulak noch ein paar Spritzer Zitronensaft und ein bisschen frisch gemahlenen Pfeffer geben. Das Sandwich wird am besten morgens frisch zubereitet.

Halloumi-Sandwich mit Chilisauce

ZUTATEN FÜR 1 SANDWICH, VEGETARISCH

1 Ciabatta
etwas Butter oder Margarine
etwas Olivenöl
2 Scheiben Halloumi
1 kleine milde Chili
etwas Zitronensaft
Salz

Halloumi ist eine schöne Alternative zu Fleisch. Das Sandwich ist nahrhaft und ein wenig feurig, also gut geeignet für alle, die mittags einen kleinen Kick brauchen. Es muss morgens zubereitet werden.

Dazu das Ciabatta aufschneiden und beide Seiten mit ein wenig Butter oder Margarine bestreichen. In einer Pfanne das Olivenöl erhitzen und den Halloumi darin beidseitig anbraten. Währenddessen die Chili fein hacken, mit etwas Zitronensaft und Salz vermengen. Den noch heißen Halloumi auf das Brot geben, die Chilisauce darüberstreichen und das Sandwich schließen.

Wichtig: Unbedingt eine milde Chilisorte, z.B. ungarischer Kirschpaprika, verwenden! Ansonsten schmeckt es einfach nur scharf.

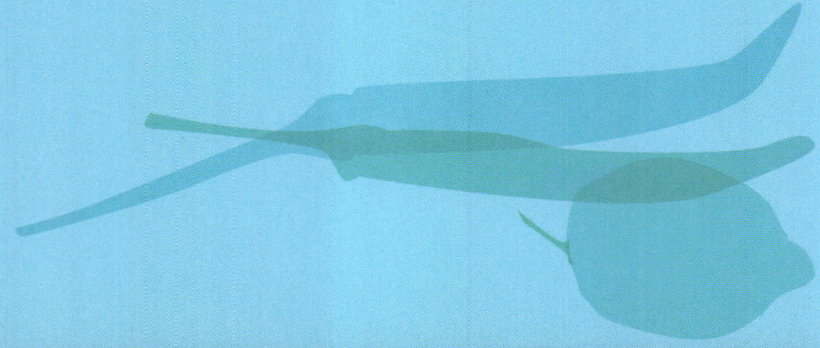

Feldsalat-Bacon-Sandwich

ZUTATEN FÜR 1 SANDWICH

1 EL Mayonnaise
½ TL Senf
1 TL Zitronensaft
frisch gemahlener Pfeffer
1 Handvoll Feldsalat
3–4 Streifen Bacon
2 große Scheiben Bauernbrot

Auch ein Frühaufsteher-Sandwich, denn frisch gebraten schmeckt Bacon eben doch am besten. Am Vorabend vorbereiten kann man die Sauce: Die Mayonnaise mit dem Senf, dem Zitronensaft und etwas Pfeffer zu einer pikanten Sauce vermengen. Über Nacht kalt stellen. Am Morgen dann den Feldsalat waschen und gut trockenschleudern. In einer Pfanne den Bacon ohne Ölzugabe knusprig braten. Der Bacon lässt sich übrigens gut portionsweise einfrieren und ist schnell aufgetaut bzw. kann auch gefroren in die Pfanne gegeben werden. Das Bauernbrot mit der Sauce bestreichen, die Baconstreifen drauflegen bzw. krümeln (wenn sie sehr knusprig geworden sind) und mit Feldsalat bedecken. Das Sandwich zuklappen und festdrücken.
Das Sandwich funktioniert übrigens auch gut mit Ciabattabrötchen oder einem Vollkornbrötchen.

Fenchel-Orangen-Salat

ZUTATEN FÜR EINE PORTION, ZUM VORBEREITEN, VEGETARISCH, VEGAN

1 kleine Fenchelknolle
1 Bio-Orange
½ kleine weiße Gemüsezwiebel
2 EL Olivenöl
Salz
Pfeffer

Ein frisch fruchtiger Salat, der sich gut am Vorabend zubereiten lässt, zumal er besser wird, je länger er zieht. Wer rohe Zwiebel nicht so gerne mag, kann diese auch weglassen, der Salat wird dann zwar etwas milder, ist aber immer noch lecker.
Die Fenchelknolle putzen, das schöne Fenchelgrün gründlich waschen und beiseite legen. Die Fenchelknolle in feine Würfel schneiden und in eine Schüssel geben. Die Orange waschen, filettieren und in Scheiben schneiden, den dabei entstehenden Saft auffangen. Zum Fenchel geben. Die Zwiebel schälen, in feine Ringe schneiden und zusammen mit den Orangenspalten zum Salat geben. Aus dem Öl, dem aufgefangenen Orangensaft sowie Salz und frisch gemahlenem Pfeffer eine Sauce herstellen und zum Salat geben. Zum Schluss das Fenchelgrün fein hacken und über den Salat streuen. Dazu passen Ciabatta oder Baguette mit Butter oder Margarine.

Tipp: Wie filettiere ich eine Orange? – Den unteren Teil der Orange abschneiden und die Orange auf die Schnittfläche stellen. Von oben entlang der weißen Schicht die Orangenschale entfernen. Zum Schluss das Oberteil der Orange abschneiden und diese halbieren. Entlang der feinen Häutchen in feine Spalten schneiden, eventuelle dicke Stellen der weißen Schicht noch entfernen.

Feldsalat mit Roter Bete und gebratenen Maultaschen

ZUTATEN FÜR 1 PORTION, ZUM VORBEREITEN

2–3 Handvoll Feldsalat
1 kleine Rote Bete, roh
2 EL Walnussöl
1 EL Balsamicoessig
1 TL Honigsenf
Salz
frisch gemahlener Pfeffer
1 Handvoll Suppenmaultaschen oder eine große Maultasche

Ein prima Restesalat, den man gut vorbereiten kann. Dazu den Feldsalat gründlich waschen und trockenschleudern, in einer eigenen Schüssel verpacken und kalt stellen. Die Rote Bete schälen und fein raspeln – dabei unbedingt Gummihandschuhe tragen, denn Rote Bete färbt die Hände! Die Bete-Raspel in einer eigenen Tupperdose lagern. Falls sie über Nacht etwas Wasser ziehen, diese Flüssigkeit vor dem Anrichten des Salates vorsichtig abschütten.

In einem Schraubglas die Sauce aus dem Öl, dem Balsamico, dem Honigsenf sowie Salz und Pfeffer herstellen und kalt stellen. Am nächsten Morgen die Maultaschen in Streifen schneiden und in ein wenig Fett knusprig braten. Abkühlen lassen und in einem geeigneten Behälter transportieren.

Im Büro den Feldsalat in einem tiefen Teller anrichten, die Rote Bete dazugeben, mit Maultaschen belegen und mit der Salatsauce übergießen. Die Rote Bete ist voller gesunder Vitamine und Mineralstoffe. Zusammen mit dem frischen Feldsalat und den sättigenden Maultaschen ist sie der perfekte Wintersnack.

Linsensalat mit Balsamicodressing

ZUTATEN FÜR 1 PORTION, VEGETARISCH, VEGAN, ZUM VORBEREITEN

2 Handvoll Berglinsen
½ rote Zwiebel
1 EL Olivenöl
3 EL Balsamicoessig
1 Prise Fleur de Sel
frisch gemahlener Pfeffer
1 Handvoll Rucola
1 Stange Sellerie

Dieser proteinreiche Salat lässt sich gut am Vorabend vorbereiten. Dazu die Berglinsen in reichlich Wasser gar kochen. Aufpassen, dass sie nicht zu lange kochen,
da sie noch bissfest sein sollten. Abgießen, sehr gut abtropfen und in einer Schüssel
abkühlen lassen. Die Zwiebel in feine Ringe schneiden und zu den Linsen geben. Aus
dem Olivenöl, dem Balsamico, dem Fleur de Sel sowie etwas Pfeffer eine Salatsauce
herstellen und über die Linsen geben. Vermengen und in einem gut verschlossenen
Behälter über Nacht ziehen lassen.
Den Rucola sowie den Stangensellerie gründlich waschen, trockenschleudern und
grob hacken. Zum Transport in eine separate Schüssel geben und erst zum Verzehr
mit den Linsen anrichten. Dazu schmecken frisches Baguette oder Vollkornbrot.

Kartoffelsalat mit Speckcroûtons

ZUTATEN FÜR 1 PORTION, ZUM VORBEREITEN

4 fest kochende Kartoffeln
½ kleine rote Zwiebel
2 EL Walnussöl
1 EL Kräuteressig
Salz
Pfeffer
etwas Speck (oder Bacon)
1 Scheibe Brot vom Vortag

Ein deftiger Salat, der die Leberkäsesemmel des Kollegen alt aussehen lässt. Er kann am Vorabend vorbereitet werden. Dazu die Kartoffeln schrubben und in reichlich Wasser als Pellkartoffeln kochen, Kochdauer ca. 30 Minuten. (Der Salat bietet sich auch als Resterezept an, wenn man am Vorabend Pellkartoffeln mit Quark isst.) Die Pellkartoffeln noch warm schälen, in Würfel schneiden. Die Zwiebel schälen und fein hacken. Dann aus dem Öl, dem Essig sowie Salz, Pfeffer und den Zwiebelstücken eine Sauce herstellen und über die noch warmen Kartoffeln geben. Gut vermengen und über Nacht im Kühlschrank durchziehen lassen. Für die Speckcroûtons etwas Speck fein würfeln. Das Brot vom Vortag in mundgerechte Stücke schneiden. Eine Pfanne erhitzen, den Speck darin auslassen, die Brotwürfel dazugeben und unter ständigem Rühren knusprig braten. Vorsicht: Es brennt leicht an! Die fertigen Speckcroûtons abkühlen lassen, verpacken und erst zum Verzehr über den Salat geben.

Tipp: Besonders gut schmeckt das Rezept, wenn man noch eine Handvoll frische Schnittlauchröllchen zu den Kartoffeln gibt.

Variante für Vegetarier: Statt der Speckcroûtons gibt es in der fleischlosen Variante Pangrattato mit Parmesan dazu: Dafür eine alte Semmel in der Küchenmaschine oder mit der Reibe fein zerbröseln und in etwas Olivenöl in einer Pfanne goldbraun braten. Vom Herd nehmen, abkühlen lassen, etwas Salz sowie Pfeffer dazugeben und mit einer Handvoll geraspeltem Parmesan vermengen. Anstelle der Speckcroûtons zum Verzehr über den Salat geben.

Register

A Afrikanischer Kichererbsensalat mit Minze 61
Avocado-Sandwich mit Marie-Rose-Sauce 51

B Bauernbrot mit Allgäuer Bergkäse und Feigen 76
Bauernbrot mit Kräuter-Omelette 32
Bauernbrot mit Linsenaufstrich und Portulak 95
Bauernbrot mit Obatztem und Radieschen 30
Blattsalat mit Beeren und Ziegenkäse, fruchtiger 58
Bloody Mary Soup 46
Bohnen-Linsen-Topf, französischer 93
Bohnensuppe, vegetarische 43
Bunter Salat mit kalten Tortellini 84

C Ciabatta mit Ziegenkäse, Birnenspalten
    und Friséesalat 71
Cock-a-Leekie, schottische Lauchsuppe 69
Couscoussalat mit gebratener Aubergine 56

F Feldsalat-Bacon-Sandwich 98
Feldsalat mit Roter Bete
    und gebratenen Maultaschen 101
Feldsalat mit Saint Agur und Feigen 77
Fenchel-Orangen-Salat 100
Fenchel-Radieschen-Salat 35
Französischer Bohnen-Linsen-Topf 93
Fruchtiger Blattsalat mit Beeren und Ziegenkäse 58
Frühlingsgemüsesuppe mit Nudeln 24
Frühlingssalat mit Löwenzahn
    und Senfvinaigrette 37

G Gartenminestrone 44
Gemüsebrühe 13
Gurkensandwiches für heiße Tage 52

H Halloumi-Sandwich mit Chilisauce 97
Hühnerbrühe 15
Hühnersandwich mit Cranberrys 73
Hühnersandwich mit Kresse und Karotten 28
Hühnersuppe mit frischen Gartenkräutern
    und Graupen 25
Hummus-Sandwich mit Gurke und Sprossen 55

I Irisches Sodabrot für Eilige 17

K Karotten-Ingwer-Suppe 64
Kartoffelsalat mit Speckcroûtons 103
Kichererbsensalat mit Minze, afrikanischer 61
Kichererbsentopf mit Süßkartoffeln 88
Kidney-Thunfisch-Salat 80
Kürbis-Chili, vegetarisches 66

L Lauchsuppe Cock-a-Leekie, schottische 69
Linsen-Curry-Suppe 90
Linsensalat mit Balsamicodressing 102

P Pennesalat mit getrockneten Tomaten,
    Feta und Rucola 60
Ploughman's Sandwich mit Cheddar,
    Apfelscheiben und süßem Senf 78

R Rinderbrühe 14

S Salat mit kalten Tortellini, bunter 84
Salat von Babyspinat mit Kräutervinaigrette
    und frischen Champignons 34
Sandwich mit Eier-Kresse-Salat 27
Schottische Lauchsuppe Cock-a-Leekie 69
Schwedische Spinat-Lachs-Suppe 23
Selleriesalat mit kandierten Walnüssen 83
Spargelsalat mit Kräutervinaigrette 38
Supersaftiges Thunfisch-Sandwich mit Kapern 49
Suppe von Radieschengrün 20

T Thunfisch-Sandwich mit Kapern, supersaftiges 49

V Vegetarische Bohnensuppe 43
Vegetarisches Kürbis-Chili 66
Veggie-Burger 74

W Weißkrautsuppe mit Rindfleisch 94
Wurzelgemüse-Topf 67

Ekkehard Graf · Markus Schanz

Sravani

UND DIE VERLORENE SCHWESTER

Wie Gott heute in Indien wirkt

BRUNNEN
Verlag GmbH · Giessen

Zu den Autoren:

Bei „Kinderheim Nethanja Narsapur – Christliche Mission Indien e.V."
ist Dr. Ekkehard Graf ehrenamtlicher Vorsitzender und Markus Schanz
ist Geschäftsführer.

Beide sind verheiratet, Väter erwachsener Kinder und Pfarrer der
württembergischen Landeskirche, Graf als Dekan in Marbach am Ne-
ckar, Schanz als Pfarrer in Flein nahe Heilbronn.

Von und für Indien sind beide gleichermaßen begeistert, vor allem
freuen sie sich über die Chancen und Lebensveränderungen der indischen Christen in der Nethanja-Kirche.

www.nethanja-indien.de

Bibeltexte der Neuen Genfer Übersetzung – Neues Testament und Psalmen:
Copyright © 2011 Genfer Bibelgesellschaft; Wiedergegeben mit freundlicher
Genehmigung. Alle Rechte vorbehalten.
Bibeltexte der Übersetzung Hoffnung für alle®, Copyright © 1983, 1996, 2002,
2015 by Biblica, Inc.®. Verwendet mit freundlicher Genehmigung des Heraus-
gebers Fontis.

© 2023 Brunnen Verlag GmbH, Gießen
Umschlagfoto: Ekkehard Graf
Umschlaggestaltung: Jonathan Maul
Lektorat: Susanne Ospelkaus, Stefan Loß
Satz: Brunnen Verlag GmbH
Herstellung: CPI Books GmbH, Leck
Gedruckt in Deutschland
ISBN Buch 978-3-7655-2160-7
ISBN E-Book 978-3-7655-7696-6
www.brunnen-verlag.de

INHALT

Vorwort   5

Sravani und die verlorene Schwester   7

Licht für die Augen und Licht im Leben   11

Heilung statt Dialyse   14

Auf der Suche nach Hoffnung und Leben   17

Durch Schmerzen zum Segen   22

Der doppelte sechswöchige Ausbildungskurs   27

Vom Attentäter zum treuen Zeugen   31

Ein Brandanschlag, der Leben verändert   35

Nie allein   38

In großen Herausforderungen   43

Wellen des Todes werden zum Wasser des Lebens   51

Von der verachteten Dienerin zur angesehenen Großmutter   54

Eine geheimnisvolle Frau   58

Der nächtliche Schlangenbiss   63

Auferstanden von den Toten   66

Für Jesus unterwegs   70

Geld oder Jesus?   74

Unschuldig vor dem Tribunal   78

Die umkämpfte Baustelle   81

Wie im Hinterland Gemeinden wachsen   84

Ein Dorf muss umziehen   89

Wieder zu Hause   92

Der unterbrochene Kirchenbau   97

Die Heilung durchs Telefon   100

Nachwort   103

VORWORT

Willkommen in der bunten und vielfältigen Wirklichkeit der indischen Nethanja-Kirche. Seit unserem letzten Buch (Stärker als der Biss der Kobra, Brunnen-Verlag 2021) hat sich wieder viel ereignet. Die Corona-Pandemie hatte Indien im Jahr 2021 besonders hart getroffen. Zudem erlebten einige der dortigen Leiter und verantwortlichen Mitarbeitenden schwere Krankheiten und Krisen. Doch in all dem durften die Christen der Nethanja-Kirche Gottes besondere Hilfe erfahren. Davon und von vielen weiteren Erfahrungen mit Jesus erzählen die neuen Berichte, die wir mit offenen Ohren und staunenden Augen aus erster oder zweiter Hand in Indien gehört und mitgeschrieben haben. Wie jene von der achtzehnjährigen Sravani: Sie hat vor fünf Jahren erst erfahren, dass sie eine Halbschwester hat, und konnte sie beherzt vor der Kinderprostitution retten. Wir bekamen eine Gänsehaut, als ein Pastor uns den etwa elfjährigen Ajai vorstellte, der nach erfolglosem Krankenhausaufenthalt gestorben war und zur Bestattung nach Hause überführt wurde; durch ein Wunder Gottes kam er ins Leben zurück und ist jetzt in einem unserer Kinderheime. Aber auch die vielen großen und kleinen Lebensveränderungen und Alltagserfahrungen der Menschen, die zum Glauben an Jesus kommen, sind erstaunlich. Dabei ist das kein indisches Phänomen, auch bei uns im deutschsprachigen Raum ereignen sich Wunder und verändern sich Lebensverhältnisse durch das Vertrauen auf den dreieinigen Gott. Wir berichten aus Indien auch deshalb, weil wir die Christen in Europa ermutigen wollen, Gott Großes zuzutrauen. Und wir bitten zugleich darum, die Christen der indischen Nethanja-Kirche im Gebet zu begleiten. Denn ihr Glaube ist in ihrer gesellschaftlichen Minderheitensituation sehr gefährdet und umkämpft. Doch vor allem möchten wir mit diesem Buch Gott alle Ehre geben und ihm für sein Wirken in unserer Zeit danken!

Ekkehard Graf und Markus Schanz im März 2023

SRAVANI UND DIE VERLORENE SCHWESTER

Sie ist kaum eineinhalb Meter groß, aber ihr Lächeln ist so breit und strahlend, dass es sofort ins Auge fällt. Wenn Besucher aus Deutschland kommen, hilft Sravani in jeder freien Minute im Haus von Bischof Singh. Das tut sie sehr gerne, es ist ihr eine Ehre und eine Freude, großherzig und gastfreundlich zu sein. Und natürlich bekommt sie dafür auch ein Taschengeld. Sie erzählt uns ihre Geschichte:

Ich weiß, dass ich 18 Jahre alt bin. Meinen Geburtstag kenne ich nicht. Irgendwann habe ich mir den 12. Juli ausgesucht und den gebe ich seither offiziell an. Als kleines Kind habe ich im Slumgebiet von Visakhapatnam gelebt. Ich weiß noch, dass wir in unserer Hütte nur Öllampen hatten, keinen Strom und kein fließendes Wasser. Meine Tante hatte sich um mich gekümmert. Sie erzählte mir, dass meine Mutter gestorben sei. Deshalb dachte ich, dass sie und mein Onkel meine ganze Familie seien. Meine Tante ging arbeiten, um Essen kaufen zu können, und ich spielte mit unseren Nachbarskindern auf der Straße.

Als ich fünf Jahr alt war, hatte mich Pastor Amos von der Nethanja-Kirche im Slum gesehen und bot meiner Tante an, dass ich im Kinderheim wohnen kann. Mein Onkel brachte mich hierher ins Mädchendorf Boyapalem, doch ich hatte zuerst große Angst, dass ich nicht mehr mit meinen Freunden spielen konnte. Aber weil ich mich auch vor meinem Onkel fürchtete, bin ich mitgegangen.

Die Angst war augenblicklich verschwunden, als ich Bischof Singh zum ersten Mal sah. Er hat gelacht und freundlich mit mir geredet. Von da an habe ich mich immer auf Freitag und Sonntag gefreut, weil ich wusste, dass ich ihn beim Gebetsabend und im Gottesdienst sehen werde. Im Kinderheim der Nethanja-Kirche habe ich schnell neue Freunde gefunden. Der Schulweg war beschwerlich, wir mussten weit laufen bis zu einer öffentlichen Schule. Aber die Kinderkirche hat mir sehr gefallen, schon in der Gemeinde im Slum und dann auch hier in der Nethanja-Kirche.

In den Ferien gehen die Heimkinder immer zu ihren Verwandten. Ich besuchte meine Tante. Aber als ich 13 Jahre alt war, wollte sie nicht mehr für mich verantwortlich sein. Ich war völlig überrascht, als sie mir erzählte, dass ich doch eine Mutter habe, die in Hyderabad lebt. Vorher hatte ich ja immer gedacht, dass ich eine Vollwaise wäre!

Meine Tante kaufte mir eine einfache Fahrkarte und setzte mich in den Zug nach Hyderabad. Hyderabad ist eine sehr große Stadt und über 600 Kilometer von Visakhapatnam entfernt. Ich kannte dort keinen Menschen! Aber tatsächlich wurde ich am Bahnhof von einer Frau erwartet, die sich als meine Mutter vorstellte. Ich sah sie zum ersten Mal in meinem Leben.

Die nächste Überraschung war, dass ich noch zwei Schwestern hatte, die aber jeweils einen anderen Vater haben als ich. Zuerst habe ich mich sehr gefreut, dass ich nun eine richtige Familie hatte. Aber unsere Mutter wollte sich nicht um uns kümmern und hat uns beide jüngeren Töchter in einem staatlichen Kinderheim abgegeben. Dort vermisste ich die Fürsorge und Liebe, die ich vom Kinderheim der Nethanja-Kirche kannte.

Wenn wir mal zu Hause waren, habe ich mitbekommen, dass immer wieder verschiedene Männer meine Mutter besuchten und bald wieder gingen. Das war unheimlich für mich. Besonders schlimm wurde es, als meine Mutter unsere ältere Schwester einem Mann mitgab, der Geld für sie bezahlte. Mir wurde klar, dass auch ich und meine jüngere Schwester Jyothi in der Gefahr standen, eines Tages als Prostituierte verkauft zu werden. Was sollten wir tun? Wir konnten nicht in Hyderabad bleiben, deshalb fasste ich den Entschluss, mit Jyothi zu fliehen.

8

Wir gingen zum Bahnhof, aber ich hatte natürlich kein Geld für Fahrkarten. Deshalb stiegen wir einfach ohne Karte in einen Zug nach Visakhapatnam. Wenn ein Schaffner kam, versteckten wir uns schnell auf der Toilette oder unter den Sitzen. Auf dieser Fahrt habe ich zum ersten Mal wirklich verstanden und gefühlt, dass ich jetzt heimatlos bin. Nach einer langen Fahrt sind wir in Visakhapatnam angekommen. Das letzte Stück zum Missionszentrum haben wir uns in einen überfüllten Linienbus gequetscht, so dass wir auch da keine Fahrkarte brauchten. Bischof Singh war gerade beim Abendessen. Aber er hat sich sofort um uns gekümmert, uns zu essen gegeben und dann selbstverständlich beide ins Nethanja-Kinderheim aufgenommen, worüber ich sehr glücklich war. Seither haben wir keinen Kontakt mehr zu unserer Mutter.

Bischof Singh ist aufgefallen, dass wir in den Ferien nicht wie die anderen Kinder zu Verwandten gingen. Das war uns peinlich, denn wenn man keine Familie hat, reden andere schlecht über einen. Wir hatten Angst, dass Bischof Singh schlecht über uns dachte. Wir haben mit ihm gesprochen und er vereinbarte mit unserer Tante, dass sie offiziell unsere Bezugsperson bleibt, aber er als Bischof die Verantwortung für uns übernimmt.

Meine Familie sind jetzt die Freunde im Kinderheim und vor allem meine Schwester Jyothi, mit der ich immer zusammen sein kann. Sie ist 16 Jahre alt und besucht die Oberstufe der neuen Nethanja-Schule. Ich habe die Schule bereits abgeschlossen und studiere auf dem College Wirtschaftskunde. Ich möchte Lehrerin werden und will auf eigenen Beinen stehen. Viele Jungs sagen mir, ich sei hübsch. Das gefällt mir zwar, aber ich denke noch nicht ans Heiraten. Erst will ich einige Jahre im Beruf arbeiten.

Bald möchte ich getauft werden und vor allen bekennen, dass ich zu Jesus gehöre, dass er zu mir steht und mir meine Sünden vergibt.

Ich freue mich immer, wenn Gäste aus Deutschland kommen, denn ich fühle mich ihnen sehr verbunden. Ich weiß, dass viele Deutsche die

Nethanja-Arbeit hier finanzieren. Ich will euch gerne sagen: In mir habt ihr eine weitere Tochter in Indien. Und die Jüngeren von euch haben in mir eine Schwester. Vielleicht eine, von der ihr bisher nichts wusstet, so wie ich nichts von Jyothi gewusst hatte.

LICHT FÜR DIE AUGEN UND LICHT IM LEBEN

Zwei Blinde, die am Straßenrand saßen, hörten, dass Jesus vorbeikam, und riefen: Herr, du Sohn Davids, hab Erbarmen mit uns!

Matthäus 20,30

Mein Name ist Jeevan Komanapalli und ich bin Bischof von Kondalaagraharam. Ich möchte ihnen von zwei jungen Erwachsenen unserer Gemeinde berichten. Ihre Geschichte zeigt uns, wie Gottes Hilfe und medizinische Möglichkeiten auf erstaunliche Art zusammenwirken können.

Die Geschwister Nogaratni und Josef waren von Geburt an blind, nur ihre Schwester hatte diesen Geburtsfehler nicht. Sie wuchsen in dem Dorf Bajawaram auf, drei Kilometer von Kondalaagraharam entfernt. Die Familie ist sehr arm und gehört zu den kastenlosen Dalits. Der Vater arbeitet als Fischer an einem der kleinen Seen in unserer Gegend. Die Mutter gehört schon lange zu unserer Kirchengemeinde und hat ihre Kinder von Anfang an in unsere Gottesdienste mitgebracht. Die ganze Gemeinde betete für die blinden Kinder. Die Mutter besuchte mit ihnen auch die Heilungsveranstaltungen der pfingstlichen Kirchen in der Hoffnung auf Heilung.

Durch meine Vermittlung konnte eine der Töchter, Nogaratni, in einer Augenklinik operiert werden, wo ihr künstliche Linsen eingesetzt wurden. Während des Eingriffes beteten die Gemeindeglieder intensiv, dass Gott doch Gelingen schenken möge. Und das Wunder geschah: Nogaratnis Augen sind so gut geworden, dass sie alles sehen kann! Langes Lesen strengt sie zwar an, aber so konnte sie an unserer Schule lernen und machte sogar nach dem Abitur an unserer pädagogischen Hochschule einen Bachelor-Abschluss. Ihr Studium wurde von den deutschen Freunden der Nethanja-Arbeit finanziert. Nogaratni arbeitete eine Weile bei uns als Lehrerin und gab Physikunterricht bis zur 10. Klassenstufe. Ich habe sie ermutigt, sich um eine Aufnahmeprüfung für einen Masterstudiengang an der staatlichen Andhra-Universität zu bewerben, und sie wurde angenommen. Nethanja unterstützte sie zwei weitere Jahre. Nogaratni schloss ihr Nuklearphysikstudium mit einem Master ab und kam wieder zurück, um bei uns und an einer Abendschule zu unterrichten. Vor Kurzem erhielt sie eine staatliche Anstellung bei einer Polizeibehörde, wo sie sich mit anderen Kolleginnen um Fälle kümmert, bei denen Frauen benachteiligt worden sind. Sie hofft, bald in das Beamtenverhältnis übernommen zu werden, wodurch dann ihre Existenz gesichert wäre. Nebenher bereitet sich Nogaratni auf die Aufnahmeprüfung für einen Promotionsstudiengang an der Universität vor, um eine Doktorarbeit zu schreiben. Aber diese Prüfung ist sehr schwer, so dass es ihr bisher nicht gelungen ist. Trotzdem kann ich nur staunen, wie sie es geschafft hat, dies alles durch Gottes Hilfe, eine gelungene Operation, gute Bildung und großen eigenen Fleiß zu erreichen!

Anders verlief es bei ihrem Bruder Josef. Auch er hatte zwei Operationen, bei denen Linsen in seine Augen eingesetzt wurden. Seither kann er ein wenig sehen, wodurch er selbstständig laufen und sich dabei orientieren kann; aber für das Lesen und Schreiben reicht es leider nicht. Doch mithilfe der modernen Technik weiß er sich zu helfen: Mit seinem Handy kann er Texte abfotografieren und sich vorlesen lassen. Vergeblich hatte ich versucht, die Eltern zu überzeugen, Josef an einer christlichen Blindenschule unterrichten zu lassen. Doch sie wollten ihn bei sich zu Hause behalten. Bis zur zehnten Klasse besuchte er die Dorfschule. Doch auf seine speziellen Bedürfnisse wurde dort nicht eingegangen. Stattdessen hat Josef eine andere Fähigkeit entdeckt und entwickelt. Als Kind saß er in unseren Gottesdiensten immer beim Schlagzeuger und begann auf den Bongos mitzuspielen. Später durfte er sogar selbst ans Schlagzeug. Als ich das bemerkte, ermöglichte ich ihm eine Ausbildung als Schlagzeuger an einer Musikschule in der nächsten größeren Stadt. Danach habe ich ihn mithilfe von Nethanja-Spendengeld nach Hyderabad geschickt. Dort erhielt er ein halbes Jahr lang Unterricht, um Keyboard zu spielen und zu programmieren. Weil unsere Nethanja-Musiker sowieso ohne Noten spielen und viel Gefühl für Harmonien haben, braucht er keine Sehkraft, um gut zu musizieren. Jeden Sonntag spielt Josef jetzt bei uns im Gottesdienst. Er hat sich mit anderen Musikern zusammengeschlossen, um bei Hochzeiten und anderen Festen zu spielen. Der Leiter dieser Band ist auch blind und versteht Josefs Situation. Wenn es gut läuft, dann haben die Musiker vier bis fünf Auftritte im Monat und verdienen als Band bis zu zehntausend Rupien (ca. 115 EUR), die sie sich dann teilen. Das einzige Problem an diesen Festen ist, dass viel Alkohol fließt, woran Josef leider auch Geschmack gefunden hat. Das macht seinen Eltern – der Vater ist mittlerweile auch zum Glauben an Jesus gekommen – und uns als Gemeinde etwas Sorgen. Trotzdem freuen wir uns auch an Josefs guter Entwicklung und beten weiterhin für die beiden Geschwister.

Jeevan Komanapalli *ist Bischof der Nethanja-Emmanuel-Kirche in Kondalaagraharam. Er leitet gemeinsam mit seiner Frau Nalini ein Krankenhaus, zwei Kinderheime, eine Schule, eine Behindertenarbeit und eine pädagogische Hochschule.*

HEILUNG STATT DIALYSE

*Du kannst mich auf die Probe stellen, HERR. Ergründe, wie
ich wirklich bin, prüfe mich auf Herz und Nieren!*

Psalm 26,2

Wir wohnen im Hochland des Dschungelgebiets, ziemlich weit abgelegen. Mein Mann und ich leiten eine kleine Nethanja-Gemeinde und erleben immer wieder große und kleine Wunder durch unseren Herrn Jesus. Die medizinische Versorgung ist in unserer Gegend sehr schlecht, bis zum nächsten Krankenhaus sind es 120 Kilometer. Das Telefonnetz für unsere Handys funktioniert nur an ein paar wenigen erhöhten Punkten. Oft müssen wir mehrere Kilometer laufen oder fahren, bis endlich ein Netzzugang gefunden wird. In dieser Situation sind wir besonders stark von der Hilfe unseres Herrn abhängig. Und so beten wir als Gemeinde für viele Nöte und Krankheiten der Menschen in unseren Dörfern.

Aber im Winter 2020/2021 kamen wir selbst in eine große Not: Unsere elfjährige Tochter Anusha bekam sehr hohes Fieber und war offersichtlich schwer krank. Immer wieder klagte sie in den wenigen wachen Phasen über Bauchschmerzen. Weil wir kein Telefonnetz hatten, konnten wir niemanden benachrichtigen. So machten wir kalte Umschläge und beteten, dass Gott sich ihrer erbarmt. Doch nach fünf Tagen wurden Fieber und Schmerzen noch schlimmer und wir machten uns auf die lange und beschwerliche Reise ins Krankenhaus. Dort wurde bei ihr Dengue-

Fieber diagnostiziert. Im Labor wurde festgestellt, dass sie 30.000 Leukozyten im Blut hatte. Normal sind 4.000-10.000. Fünf Tage lag Anusha auf der Intensivstation; dann wurde sie ins Krankenhaus der nächstgrößeren Stadt verlegt. Doch dort angekommen, sagten die Ärzte, dass es für Anusha keine Überlebenschance gibt, denn zu dem Dengue-Fieber kam noch eine Gelbsucht hinzu. Ihre Nieren und weitere Organe versagten den Dienst.

Es stand wirklich sehr schlimm um unsere geliebte Tochter. Noch einmal musste sie verlegt werden, dieses Mal in die Landeshauptstadt Hyderabad in ein renommiertes Krankenhaus. Dort erhielt sie eine gute Behandlung, die allerdings auch sehr teuer war. Schnell waren unsere wenigen Ersparnisse aufgebraucht. Anusha musste täglich zur Dialyse, weil ihre Nieren nicht mehr arbeiteten. Aber mit dieser Einschränkung, die ein Leben lang andauern würde, wollte sie nicht mehr leben. Sie fragte uns: „Was habe ich falsch gemacht? Will Gott mich bestrafen?" Es war für meinen Mann und mich eine große Anfechtung, unsere Tochter körperlich und seelisch so leiden zu sehen.

Zu diesem Zeitpunkt war auch unser Bischof Singh schwer krank, deshalb haben wir uns nicht getraut, ihn um Gebet für Anusha zu bitten. Doch schließlich hatten wir den Mut und schickten ihm eine Nachricht. Er leitete sie sofort an das Gebetsteam der Nethanja-Kirche in Visakhapatnam weiter. Bischof Singh rief uns an und erkundigte sich nach Anushas Gesundheitszustand. Als wir ihm von der Diagnose erzählten, hat er vom Missionszentrum aus Geld für die Behandlungskosten überweisen lassen. In allen Nethanja-Gemeinden wurde jeden Freitagabend für unsere Tochter gebetet. Auch der Bischof betete für sie und erkundigte sich oft nach ihr. Die tragfähige Gemeinschaft der Nethanja-Kirche ist überwältigend! Schließlich hat der Herr geholfen und Anusha geheilt. Nach wenigen Monaten verbesserte sich ihr Zustand spürbar. Die Dialyse konnte reduziert werden, bis sie gar keine mehr benötigte, weil ihre Nieren wieder funktionierten. Seither ist unsere Tochter wieder lebensfroh und voller Energie. Jeden Morgen beginne ich deshalb mein Gebet mit einem langen Lobpreis für unseren großen Gott, der Wunder tut!

Mandjula *arbeitet mit ihrem Ehemann Pastor Pipinkumar in Ramavaram im Chinturugebiet.*

AUF DER SUCHE NACH HOFFNUNG UND LEBEN

*Und in unserer Hoffnung werden wir nicht enttäuscht. Denn
Gott hat uns den Heiligen Geist gegeben und hat unser Herz
durch ihn mit der Gewissheit erfüllt, dass er uns liebt.*

Römer 5,5

Lakshmi war im siebten Monat schwanger, als ihr Mann Apparao an Aids
starb. Beide waren HIV-positiv und Lakshmi wandte sich an das Nethanja-
Krankenhaus in Kondalaagraharam um Hilfe. Damals, 1999, war die medizinische Hilfsstation für HIV- und Tuberkulosepatienten, das sogenannte
Community Care Center (CCC), noch nicht mit einem eigenen Operati-
ons- und Kreißsaal für solche Fälle ausgestattet. Deshalb wurde ihr Sohn
Sai im Allgemeinkrankenhaus per Kaiserschnitt geboren. Manchmal lässt
sich dadurch die Übertragung des HIV-Virus von der Mutter aufs Kind
vermeiden. Sai jedoch ist ebenfalls HIV-positiv. Im CCC werden Infizierte
nicht stigmatisiert und die Mitarbeiter wissen, welche Regeln eingehalten
werden müssen. Bischof Jeevan gab Lakshmi Arbeit im CCC, sodass Sai
und seine Mutter dort leben konnten. Sieben Jahre später starb Lakshmi
an den Folgen der Infektion. Die ganze Familie der Mutter kam zur Beerdigung, aber als sie erfuhren, dass ihr Sohn Sai HIV-positiv ist, wollte ihn
aus Angst vor Ansteckung niemand zu sich nehmen.

Sai befürchtete, dass er nach dem Tod seiner Mutter keine Bleibe mehr
haben würde, aber Bischof Jeevan sorgte für ihn, gab ihm Essen und Un-

terkunft im CCC. Die Mitarbeiter überwachten die Einnahme seiner Medikamente. Sai fühlte sich nie krank und konnte die Nethanja-Schule in Tamaram besuchen. Doch Freunde zu finden, war schwer für ihn. Die meisten hielten aus Vorsicht Abstand zu ihm. Nur Naveen und Hari, die ebenfalls HIV-positiv waren, waren echte Freunde. Es war schlimm für die ganze Nethanja-Arbeit, als Hari vor 12 Jahren starb. Dies war unter anderem der Auslöser für die Gründung eines speziellen Heimes für HIV-infizierte Kinder. Heute ist das „Rainbow-Home" ein guter Ort, an dem diese Kinder und Jugendlichen Behandlung, Schutz und Bildung bekommen.

Sai berichtet: „Nach der zehnten Klasse ging es für mich in der Schule nicht weiter. Die Schwester meines Vaters nahm mich mit in die Stadt Vijayavada. Bischof Jeevan war darüber nicht glücklich, aber ich ging mit, weil sie meine einzige Verwandte war. Sie gab mir meine Medikamente nicht und ließ mich als Tagelöhner auf dem Bau arbeiten, mit Hilfsjobs für Elektriker und Maurer. Die 100 Rupien (ca. 1,20 Euro), die ich täglich verdiente, musste ich ihr geben, damit ich abends etwas zu essen bekam. Nach einem Monat floh ich von dort. Seither will ich zu meiner Tante keinen Kontakt mehr haben.

Danach arbeitete ich in einer Werkstatt für 20 Rupien am Tag. Manchmal schlich ich mich zu Hochzeitsfeiern und stahl Essen vom Buffet. Mit Extra-Arbeiten verdiente ich weitere 20 Rupien, ging davon ins Kino, sah wochenlang denselben Film, aber nicht wegen des Films, sondern weil ich so bis Mitternacht einen Ort hatte, an dem ich mich aufhalten konnte. Nach Mitternacht kommen keine Polizeistreifen mehr, die mich auf der Straße schlafend aufgegriffen hätten.

Der Manager des Kinos wurde auf mich aufmerksam und bot mir einen Job an, zunächst für 150 Rupien täglich als Parkplatzeinweiser, danach am Popcornstand für 200 Rupien. Anfangs wusste der Manager nicht, dass ich obdachlos war – nachdem er mich eines Nachts draußen gesehen hatte, ließ er mich im Kino beim Sicherheitspersonal schlafen.

Täglich gab es vier Vorführungen, zwei Filmvorführer waren dafür verantwortlich. Einer davon war Alkoholiker, er zeigte mir, wie man die Filme einlegte. Ich vertrat ihn dann heimlich, wenn er sich mal wieder betrank. Bei einer Filmpremiere flog das auf, weil der Vorführer einen Unfall hatte und der andere nicht verfügbar war. Ich gab zu, dass auch ich Filme vorführen konnte. Ab diesem Zeitpunkt durfte ich es offiziell machen und verdiente 500 Rupien täglich. So ging das zwei Jahre lang. Ich konnte mir ein eigenes Zimmer leisten und lernte mit Youtube-Videos das Kochen. Erst jetzt traute ich mich, Bischof Jeevan zu besuchen. Er sagte mir, am wichtigsten sei ihm, dass ich glücklich bin. Das hat mich sehr gefreut. Aber leider verlor ich bald meinen Job, weil das Kino geschlossen wurde.

Der Manager hatte zum Glück noch einen Laden für alle Arten von Fruchtsäften und Shakes am Hauptbahnhof. Dort stellte er mich ein, zunächst ein Jahr als Helfer, dann wurde ich die Hauptkraft und hatte selbst zwei Helfer. Mein Lohn waren 1.000 Rupien am Tag, außerdem wurde ich am Gewinn beteiligt, wenn ich den Saft mit höheren Preisen verkaufen konnte. Das war sehr lukrativ. Aber weil ich die ganze Zeit meine Medikamente vernachlässigte, fühlte ich mich öfter krank. Wichtig war mir jedoch immer, wenigstens in der Weihnachtszeit zu Bischof Jeevan zu kommen und dort einige Wochen im CCC mitzuhelfen.

Dann kam Corona. Ich musste sechs Monate lang den Laden im Hauptbahnhof schließen, lebte von Ersparnissen und konnte die Miete nicht mehr bezahlen. Der Manager konnte mir auch nicht weiterhelfen. Ich ging nach Hyderabad und musste nach dem Lockdown wieder von vorn beginnen. Bei einer Tankstelle fand ich Arbeit: 24 Stunden Dienst, 24 Stunden frei. Dort bekam ich auch Unterkunft und Essen und verdiente im Monat 15.000 Rupien (ca. 180 Euro). Zwei Jahre arbeitete ich dort. 2022 wollte ich mit einem Freund meine Erfahrungen im Saftverkauf nutzen und wir eröffneten in Hyderabad einen Laden. Wir waren erfolgreich, doch ich machte keine Buchhaltung und gab viel Geld aus für ein Motorrad und ein teures Handy. Ich feierte Partys mit meinen Freunden und beteiligte mich an Sportwetten. Das ging irgendwann schief. Wegen Wettschulden musste ich mein Motorrad unter Wert verkaufen und meinem Partner einen Schuldschein über 85.000 Rupien (ca. 1.000 Euro) unterschreiben. Leider verstärkten sich in dieser Zeit meine Krankheitssymptome. Ich konnte nicht mehr arbeiten und wusste keinen anderen Ort, wo ich hinkonnte, als das CCC der Nethanja-Kirche.

Ein Freund setzte mich in den Bus und mit letzter Kraft kam ich in Kondalaagraharam an. Das war im Oktober 2022. Wenn Bischof Jeevan sich nicht intensiv um mich gekümmert hätte, wäre ich heute nicht mehr am Leben. Jeden Tag schaute er nach mir und behandelte mich wie seinen eigenen Sohn. Bald ging es mir besser. Ich holte meine Sachen aus Hyderabad und blieb in Kondalaagraharam. Als Betreuer helfe ich heute im Heim für HIV-positive Kinder mit und habe noch einen Job bei einer Tankstelle angenommen. Ich bin fest entschlossen, meine Schulden zurückzuzahlen.

Manchmal erscheint mir mein Leben nicht lebenswert. Meine Eltern haben mir nur die HIV-Infektion hinterlassen. Welche Perspektive habe ich? Doch jetzt habe ich neue Hoffnung geschöpft: Im nahegelegenen Narsipatnam bekomme ich regelmäßig meine Medikamente. Dort gibt es auch eine Partnervermittlung für HIV-positive Menschen. So habe ich Tejaswani kennengelernt, die im ersten Ausbildungsjahr zur Krankenschwester ist. Ich habe ihr ganz offen von meiner Lage erzählt, trotzdem ist sie an einer Beziehung mit mir interessiert und kann sich vorstellen, mich nach ihrer Ausbildung zu heiraten. Ich habe Angst, dass sie als ausgebildete Krankenschwester doch noch jemand anderen findet, der ihr mehr bieten kann als ich. Mein Plan ist, dass ich noch besser Auto fahren lerne und vielleicht als Fahrer für Krankenwagen oder Busse hier beim Bischof bleiben kann. Tejaswani ist getauft und besucht regelmäßig den Gottesdienst. Auch mir ist der Glaube an Jesus sehr wichtig, aber ich bin noch nicht so weit, mich wirklich taufen zu lassen. Ich brauche noch mehr innere Bereitschaft, den Weg Jesu von ganzem Herzen zu gehen, und um diese Bereitschaft bete ich."

Berichtet von **Markus Schanz.** *Er ist württembergischer Pfarrer in Flein und Geschäftsführer von „Kinderheim Nethanja Narsapur / Christliche Mission Indien e.V.".*

Nachtrag: Kurz vor Drucklegung des Buches erhielten wir einen sehr traurigen Anruf von Bischof Jeevan. Er erzählte uns: „Sai tat sich immer schwerer mit seinen Problemen, seinen unbezahlten Schulden, seiner Unsicherheit über seine Beziehung zu Tejaswani. Er fing wieder an zu trinken und nahm sich dann Anfang März 2023 das Leben."

Ein schwerer Schlag für die ganze Nethanja-Emmanuel-Familie und besonders für Bischof Jeevan. Nicht immer eilen die indischen Christen von Erfolg zu Erfolg – aber sowohl Freude als auch Trauer und Not wollen wir gemeinsam tragen und im Gebet teilen.

DURCH SCHMERZEN ZUM SEGEN

*Schmeckt und seht, dass der Herr gütig ist! Glücklich zu preisen
ist, wer bei ihm Zuflucht sucht.*

Psalm 34,9

Mitten in der Corona-Pandemie bekam ich im September 2020 starke
Magenschmerzen. Als es mir zu viel wurde, ging ich zum Arzt. Er unter-
suchte mich und machte ein Blutbild. Meine Werte waren so schlecht,
dass ich ins Krankenhaus in Visakhapatnam kam. Dort wurde ein acht-
einhalb Zentimeter großes Geschwür im Magen festgestellt. Die Ärzte
schlugen vor, mittels einer Operation nachzuschauen, ob der Tumor
noch entfernt werden konnte. Falls er sich aber als inoperabel erweisen
würde, würden sie die Schnittstelle gleich wieder zunähen und mich die
letzten Lebensmonate nur mit Schmerzmitteln behandeln.

Meine beiden Brüder Jeevan und Pratap eilten zu mir ins Krankenhaus und beschlossen angesichts dieser niederschmetternden Diagnose,
mich in ein Spezialkrankenhaus nach Hyderabad zu bringen. Dort haben
sie empfohlen, erst mit einer Chemotherapie den Tumor zu verkleinern
und dann zu operieren, was die Heilungschancen enorm verbesserte. Ich
hörte auf den Rat meiner Brüder und der Ärzte. Ich wusste nicht genau,
worum es ging. Sie sprachen von einer Behandlung, die nötig sei, und
wollten mir nicht die Hoffnung auf Heilung rauben. Deshalb wusste ich
nicht, wie ernst es um mich stand. Das ist in Indien übrigens normal,

dass wir schlechte Nachrichten so gut es geht vermeiden. Nur mein Bruder Jeevan hat angedeutet, dass alles davon abhängt, dass die Behandlung anschlägt und die daran anschließende Operation gelingt.

Während der Chemo-Therapie wohnte ich in einer angemieteten Wohnung in Hyderabad, mein treuer Koch Ramanah versorgte mich, mein Fahrer Keke organisierte alles. Sogar meine Kinder und ihre Mutter sind zu mir nach Indien gereist, um für mich da zu sein und mich zu versorgen. Sie haben sich untereinander abgestimmt und monatlich abgewechselt, um mich zu unterstützen. Auch sie haben mir nicht die ganze Wahrheit zugemutet. Doch zufällig sah ich im Krankenhaus einmal meine Krankenakte auf dem Tisch liegen. Da stand das Stichwort „Magenkrebs". Dann wusste ich, worum es genau ging. Dass ich ernsthaft krank war, war mir immer klar, doch ich war innerlich sehr ruhig in dieser Zeit, weil ich sah, wie sich meine Familie um mich kümmerte. Meine älteren Brüder sind mir in dieser Zeit quasi zum Vater geworden. Meine Kinder haben mich nie allein gelassen. Und in allen Nethania-Gemeinden wurde für mich gebetet. Das hat mir eine tiefe Ruhe geschenkt.

Und der Herr hat die Gebete erhöht, die Chemo schlug an. Der Tumor war so weit geschrumpft, dass er operabel wurde. Am 1. Dezember 2020 wurde ich operiert und alles verlief erfolgreich. Nach einigen Wochen wurde ich aus dem Krankenhaus entlassen und lebte vorerst wieder in der Wohnung in Hyderabad. Im Februar kam ich dann nach Hause. Aber ich konnte keine Kontakte wahrnehmen, weil meine Abwehrkräfte noch sehr schwach waren und es immer noch die Corona-Zeit war.

Nach einer Zeit der Besserung wurde mir wieder sehr schlecht, ständig musste ich mich übergeben. So brachte man mich ins Krankenhaus in Visakhapatnam. Die Ärzte untersuchten mich sehr genau, aber zwei Tage lang fanden sie keine Ursache. Dann endlich entdeckten sie, dass die Operationsnaht am Magen geplatzt war und sich der Inhalt im gerzen Bauch verteilt hatte. Sofort kam der Chefarzt. Er und seine Kollegen waren sich nicht sicher, ob ich das überleben würde. Doch er drängte auf eine rasche Entscheidung. Weil mein Bruder Jeevan an Corona erkrankt war, konnten wir ihn nicht rufen, und Pratap wohnte zu weit entfernt. So entschied ich mit meiner Familie, dass wir auch dieses Mal dem Herrn vertrauten und gab meine Einwilligung zu der Operation. Rasch rief ich die Frauenkreisleiterin unserer Kirchengemeinde in Boyapalem an und bat sie, dass sie und die Gemeinschaft für mich beten. Innerhalb einer Stunde hat sie sehr viele Frauen der Gemeinde zusammengerufen, so dass sie die ganze Operation betend begleitet haben.

Der Eingriff erfolgte dann innerhalb von zwei Stunden. Mir wurde der Magen entfernt. Auf der Intensivstation lagen rechts und links von mir zwei andere Patienten nach ebenso schweren Operationen. Doch die beiden überlebten nicht und ich war erschrocken, wie lieblos sie von den Pflegekräften behandelt wurden. Ich lag dann einige Zeit zwischen den Toten. Da hatte ich eigenartige Gedanken, ob ich wohl der Nächste sein würde. Ich sehnte mich sehr danach zu leben, aber rechts und links von mir lagen die Toten. Zugleich war ich entspannt, denn ich dachte: „Wenn auch ich jetzt meine Augen schließe, dann werde ich gleich danach Jesus in der Herrlichkeit sehen. Aber wenn es Gott gefällt, dann bringt er mich wieder zurück in meine schönen Aufgaben in der Nethanja-Kirche."

Da kam endlich mein Bruder Pratap und sorgte sofort dafür, dass ich in ein anderes Zimmer verlegt wurde. Schritt für Schritt bekam ich neue Kraft. Als ich nach Hause kam, erwarteten mich in Paradesipalem Gemeindeglieder, Mitarbeiter und Kinderheimkinder. Sie trugen schöne Festtagskleidung und hatten den Hof mit Girlanden und Luftballons geschmückt. Sie sangen, jubelten und lachten, als sie mich sahen, denn sie freuten sich, dass Gott ihre Gebete erhört hatte.

Bestens versorgt und inmitten meiner lieben Mitarbeiter und Familienangehörigen wurde ich zusehends stärker. Meine Ernährung habe ich dann umgestellt; ohne Magen kann ich nur kleine Portionen essen und manches vertrage ich nicht mehr. Aber ich nehme wieder am Leben teil und nehme meine Aufgaben in der Nethanja-Arbeit wahr. Ich bin äußerlich deutlich dünner als früher, stehe zu meinen grauen Haaren und brauche zwischendurch mehr Ruhe. Aber ich möchte trotz der Schwere der Krankheit und der Schmerzen diese Zeit der Krankheit nicht missen, denn ich habe einige segensreiche Erkenntnisse und Erfahrungen dadurch gewonnen. So weiß ich, dass ich unabhängig von meinen Gefühlen oder meiner Kraft oder meiner Schwäche völlig in Gottes Hand geborgen bleibe. Ich habe erlebt, dass ich mich vollkommen auf die betende Gemeinde verlassen kann; wenn die Pastoren unsicher sind, übernehmen die Beter die Verantwortung. Früher haben viele Leute von mir erwartet, dass ich sie durch meine Gebete und mein Handauflegen im Namen Jesu heile oder ihre Probleme löse. Aber mir ist umso klarer geworden: Es geht nie um mich, sondern immer nur um den Herrn Jesus! Auch ich brauche zutiefst und immer seine Kraft. Dadurch, dass ich ein Jahr lang nicht öffentlich tätig sein konnte, hat sich meine Art des Bibellesens völlig verändert. Ich studiere das Wort Gottes mit persönlichem Gewinn, nicht mehr geleitet von der Frage, wie ich den Bibeltext meiner Gemeinde predige. Auch den Wert der Familie habe ich neu entdeckt. Ich weiß nun, dass meine Kinder ganz für mich da sind, wenn ich Hilfe brauche, auch wenn sie weit entfernt von mir wohnen.

Die Zeit ohne mich als leitenden Bischof hat die Einheit der Pastoren sehr gestärkt. Sie haben gemeinsam ihre Aufgaben bewältigt. Die in den letzten Jahren gegründeten Pastors' Fellowships haben sich bewährt und bewiesen, dass nicht alles an mir als Bischof hängt. Das hat mich ermutigt, zusätzliche neue Bischöfe einzusetzen, die mich in der Verantwortung entlasten. Ja, ich habe Leitungsgaben bei unseren Mitarbeitern entdeckt, die ich vorher nicht gesehen hatte. Auch die Frauen haben sich sehr bewährt, deshalb haben wir jetzt begonnen, Frauen offiziell als Pastorinnen einzusetzen.

Insgesamt kann ich bezeugen: Meine Zeit der Schmerzen und Schwäche hat Gott verwandelt in einen großen Segen für mich persönlich und für die ganze Nethanja-Arbeit. Gott ist gut, ja, er ist immer gut!

Dr. K. R. Singh *ist der Hauptbischof der Nethanja-Kirche. Zudem leitet er vom Missionszentrum in Visakhapatnam aus den Bereich der United Christian Interior Ministries mit einigen Kinderheimen, Schulen und Kirchengemeinden.*

DER DOPPELTE SECHSWÖCHIGE AUSBILDUNGSKURS

Ich bin der Weg, ich bin die Wahrheit, und ich bin das Leben!
Ohne mich kann niemand zum Vater kommen.

Johannes 14,6

Früher war ich ein bewaffneter Kämpfer für Frieden und Gerechtigkeit. Seit über 50 Jahren gibt es in vielen indischen Bundesstaaten die Bewegung der Naxaliten. Mit einer vom Kommunismus inspirierten Ideologie kämpfen sie für die Freiheit der Unterdrückten und finden vor allem Unterstützung bei den Adivasi, den Ureinwohnern Indiens, und bei den Dalits, den sogenannten Unberührbaren. Denn diese werden von den Hindus systematisch unterdrückt und benachteiligt. Trotz staatlicher Unterstützungsprogramme geht es den Adivasi und Dalits nach wie vor sehr schlecht, die meisten leben unterhalb der Armutsgrenze. Auch für mich waren die Ideen der Naxaliten anfangs attraktiv. Ich stamme aus dem Dschungeldorf Petaballi und dort herrscht viel Armut. Die meisten verdingen sich als Tagelöhner auf den staatlichen Kaffeeplantagen.

Als Naxalit kämpfte ich mit einem Gewehr in der Hand gegen die Polizei und gegen korrupte Politiker, die sich allerdings deshalb selten in den Dschungel wagten. Man sah sie nur scheinheilig von Plakaten herablächeln. Um uns zu versorgen, überfielen wir reiche Großgrundbesitzer oder nahmen ganze Dörfer in Zwangshaft. Ständig waren wir unterwegs, weil Polizei und Armee Jagd auf uns machten. Zudem bekämpften wir jede Form von Religion, weil wir das für rückschrittlich hielten und gemäß Karl Marx als „Opium fürs Volk" ansahen, das die Leute nur noch mehr in Abhängigkeit führte. Wir meinten, mit unserem Kampf einer guten und gerechten Sache zu dienen. Doch ich kam immer öfter ins Zweifeln, ob das wirklich der richtige Weg zur Befreiung der Menschen war. Denn ich sah, wie ungerecht und feindselig es auch in unserer eigenen Naxalitengruppe zuging. Die Frage nach echter Gerechtigkeit beschäftigte mich und ich fragte mich, was Wahrheit ist.

Eines Tages hörte ich zu, als Pastor Padmaka Rao unser Dorf besuchte und von Jesus erzählte. Das klang in meinen Ohren völlig fremd und doch so erstrebenswert, was er da von Gottes Liebe berichtete. Ich traf mich mehrmals mit ihm und nach einigen dieser Treffen wusste ich, dass ich nur noch mit Jesus leben wollte. Dass es nur bei ihm echte Gerechtigkeit und Wahrheit gab. Auch meine Frau fand zu Jesus und unser Leben veränderte sich. Die stete Unruhe wich einem tiefen Frieden. Der ständige Kampf lag nun hinter uns. Von jetzt an blieben wir im Dorf und beteiligten uns nicht mehr an den Raubzügen und Überfällen. Viele unserer Nachbarn, die noch bei den Naxaliten waren, verstanden uns nicht. Wir begegneten ihnen mit viel Liebe und Freundlichkeit. Wir merkten, dass Gott uns dazu berufen hatte, freundliche Gastgeber zu sein. So boten wir allen Fremden ein Quartier an. Wer Hunger hatte, durfte stets die Kochkünste meiner Frau genießen. Noch heute bewirten wir alle und fragen unsere Gäste nicht nach der persönlichen Gesinnung oder nach dem Woher und Wohin.

Viele Naxaliten waren unsere Gäste, sogar ein Polizeitrupp aus der Gegend. Sehr gerne haben sie sich von uns bewirten lassen, aber dann haben sie das gesamte Kochgeschirr beschlagnahmt und mitgenommen. Sie sagten, das sei eine polizeiliche Maßnahme, damit wir nicht mehr für Naxaliten kochen könnten. Wahrscheinlich haben sie die Töpfe irgendwo

verkauft, um ihr schmales Gehalt aufzubessern. Wir haben uns davon jedoch nicht abbringen lassen, sondern neues Geschirr gekauft und wei-
tergemacht.

Trotzdem war es für uns nicht einfach, denn die Naxaliten in unserem
Dorf nahmen Anstoß an unserer Gastfreundlichkeit. Sie verboten uns,
Leute bei uns aufzunehmen und ihnen von Jesus zu erzählen. Wenigstens
gestanden sie mir zu, die anderen Christen im Dorf in ihren Hütten zu
besuchen, aber Gottesdienste durfte ich nicht mehr feiern. Es ist mir sehr
schwergefallen, die Befehle der anderen zu befolgen. Früher hätte ich zur
Waffe gegriffen und für meine Überzeugung gekämpft. Aber ich wusste,
dass ein solches Verhalten nicht zu einem Jesus-Jünger passte. Ich suchte
Rat bei Padmaka Rao. Was sollte ich in dieser Situation machen? Er empfahl mir, nach Visakhapatnam zu gehen ans Nethanja-Bible-College, wo
es einen sechswöchigen Kurs für Evangelisten gab.

Das habe ich sehr gerne gemacht. Ich habe die Gemeinschaft mit den
anderen Studenten genossen. Wir haben gelernt, wie man von einem
Bibeltext ausgehend predigt, wie man andere gut ins Gebet mit hinein-
nimmt und wie man das Abendmahl richtig feiert. Das waren sehr wert-
volle sechs Wochen für mich. Doch kurz bevor ich nach dem Abschluss
wieder nach Hause fahren wollte, stand die Polizei da und hat mich verhaftet. Irgendwie hatten sie erfahren, dass ich früher ein Naxalit war und
mich gerade in der Distrikts-Hauptstadt aufhielt. Ich kam ins Gefängnis
und wurde immer wieder verhört. Sie glaubten mir zwar, dass ich nicht
mehr für die Naxaliten aktiv war, aber sie wollten von mir Namen wissen
und Informationen über geplante Aktionen. Niemanden habe ich ver-
raten. Sechs Wochen lang haben sie mich bedrängt und verhört.

Ein indisches Gefängnis ist ein schlimmer Ort. Da erlebte ich einen
so ganz anderen sechswöchigen Kurs der „Ausbildung". Doch ich habe
aber die Zeit genutzt und meinen Mitgefangenen von Jesus erzählt. Wie
schon zu Hause war ich freundlich zu jedem, egal welchen Hintergrund
er hatte. Immer wieder konnte ich bei Konflikten vermitteln und Trau-

rige trösten. In unserer Gefängniszelle ging es friedlicher zu als in den anderen. Das bemerkten die Wärter, berichteten es ihrem Direktor und der hat es weitergemeldet. Letztendlich wurde ich zum obersten Polizeichef des Distrikts Visakhapatnam gebracht.

Er sagte: „Ich merke, dass du kein Naxalit mehr bist. Dein christlicher Glaube hat dich wirklich verändert und zu einem friedfertigen Menschen gemacht. Wir halten dich nicht länger fest. Du kannst in dein Dorf zurückgehen und den Menschen diesen friedlichen Lebensstil vermitteln. Dann wird es in dieser Region vielleicht etwas ruhiger!" Ich durfte zurück zu meiner Familie nach Petaballi. Die kleine christliche Gemeinde freute sich mit uns und ernannte mich zu ihrem Gemeindeleiter. Wir haben unseren Lebensstil der Menschenfreundlichkeit weitergeführt und dürfen seither ohne Einschränkungen als Christen im Dorf leben. Ja, wir konnten sogar zwei der bisherigen Naxaliten-Kommandeure zum Glauben an Jesus Christus führen. Sie kommen regelmäßig in unsere Gottesdienste und haben ihre Waffen niedergelegt. Das hat viele andere Naxaliten ins Nachdenken gebracht. Wir beten darum, dass auch sie vom Weg der Gewalt abkommen und dem nachfolgen, der von sich sagt: „Ich bin der Weg und die Wahrheit und das Leben!"

Gopal *ist Evangelist der Nethanja-Kirche im Dschungeldorf Petaballi. Er ist verheiratet, gemeinsam haben sie vier Kinder. Für den Lebensunterhalt arbeitet er wie viele andere Dorfbewohner als Tagelöhner in den staatlichen Kaffeeplantagen.*

VOM ATTENTÄTER ZUM TREUEN ZEUGEN

*Doch der Herr ist treu; er wird euch stärken und vor dem Bö-
sen beschützen.*

2. Thessalonicher 3,3

Mein Name ist Abraham und ich bin ein Freund von Evangelist Gopal
aus Petaballi. Auch ich war seit meiner Kindheit ein Naxalit. Wir wurden ausgebildet, sämtliche Polizeiaktivitäten im Dschungel auszuspionie-
ren. Als Jugendlicher wurde ich zum Fachmann für Sprengstoffattentate;
mehrfach habe ich Brücken oder Bergstraßen in dem Moment in die
Luft gesprengt, wenn ein Polizei- oder Militärfahrzeug darüberfuhr. Die
meiste Zeit aber war ich ein Späher und saß mit meinem Gewehr in einer
Baumkrone, was ziemlich langweilig war. Zwischenzeitlich hatte ich eine
nette Frau geheiratet, die aber immer wieder ins Nachbardorf ging, wo
sich Christen zum Gottesdienst trafen. Ich fand das nicht gut, wollte ihr
aber auch eine gewisse Freiheit lassen. Aber wenn sie anfing, von diesem
Jesus zu erzählen, wurde ich rasch wütend und verbot ihr weiterzureden.

Nach einiger Zeit bekam ich starke Kopfschmerzen, die einfach nicht
mehr aufhören wollten. Immer wieder war mir so sehr schwindlig, dass
ich ohnmächtig wurde. Ich war nicht mehr in der Lage, meine Waffen
zu halten, geschweige denn, auf einen Baum zu klettern. In der Kran-
kenstation in einem der Dschungelstädtchen meinte die Krankenschwester, dass es wohl von einem Tumor in meinem Gehirn herrührte und ich

dringend ins Krankenhaus müsste. Der Weg war mir aber zu gefährlich, denn mittlerweile wurde ich von der Polizei steckbrieflich gesucht. So kehrte ich niedergeschlagen nach Hause zurück. Meine Frau meinte, ich sollte mich der Polizei stellen und um eine medizinische Behandlung bitten. Dazu war ich nicht bereit, doch ich kam ins Nachdenken: Was hatte mir mein ganzer Kampf für eine scheinbar gerechte Sache gebracht, wenn mir deshalb niemand helfen konnte?

Verzweifelt suchte ich einen stillen Platz im Wald auf und ging, geplagt von den großen Schmerzen, auf meine Knie. Ich erinnerte mich, was mir meine Frau von ihrem Jesus erzählt hatte, dass der mit bösen Menschen kein Problem hat und dass er alle Krankheiten heilen konnte. Mit leiser Stimme redete ich zu Jesus und bat ihn, mir zu helfen. Ich wusste nicht, dass ich damit zum ersten Mal in meinem Leben betete. Ich habe einfach nur mit ihm gesprochen. Die Schmerzen ließen nach wenigen Augenblicken spürbar nach, ich konnte mich aufrichten und nach Hause gehen. Dort erzählte ich meiner Frau von meinem Erlebnis. Ihr kamen Tränen in die Augen und sie sagte, dass sie die ganze Zeit, seit ich unsere Hütte verlassen hatte, für mich zu Jesus gebetet hatte. Wir sind noch einmal auf die Knie gegangen und haben gemeinsam gebetet. Ich sagte: „Jesus, wenn du mich heilst, dann soll mein ganzes Leben dir und deiner gerechten Sache gehören!"

Es ist klingt unglaublich, aber tatsächlich ließen meine starken Schmerzen immer mehr nach und bald war ich vollkommen geheilt. Bei der nächsten Gelegenheit ließen wir beide uns taufen und ich nahm den Namen Abraham an. Der Pastor empfahl mir, ans Bible-College zu gehen, damit ich mein Versprechen gegenüber Jesus besser in die Tat umsetzen konnte. Im Sommer 2019 begann ich das einjährige Grundstudium und im März 2020 kehrte ich in mein Dorf zurück. Mit meiner Frau organisierte ich sonntags Gebetsversammlungen. Wir luden unsere Verwandten, Freunde und Nachbarn ein. Sie staunten, was für ein Wunder Gott an mir getan hatte. Aber damit begannen auch die Schwierigkeiten, denn noch immer gehörte die Mehrheit der Dorfbewohner der Terrorgruppe an. Weil ich nicht mehr bei ihnen mitmachte und eine kleine christliche Gemeinde gegründet hatte, erteilten sie mir mehrere Monate Hausarrest. Dann stellten sie mich vor ihr sogenanntes Volksgericht, bei dem aber nicht das Volk, sondern nur die Naxaliten-Kommandeure Entscheidungen trafen. Zuvor hatten sie bereits vier Dorfbewohner, die sich zu Jesus bekannt hatten, zum Tode verurteilt und erschossen. Als ich an die Reihe kam, standen mir 80 Naxaliten feindselig gegenüber. Sie stellten mich vor die Wahl: Entweder meinem Glauben abzuschwören und mich wieder am aktiven Kampf zu beteiligen oder das Dorf sofort zu verlassen! Mein Reisfeld, das uns ernährt hatte, würde dann zum Volkseigentum erklärt werden. Ich erbat mir eine Stunde Bedenkzeit und lief wieder in den Wald an jene Stelle, wo ich zum ersten Mal mit Jesus geredet hatte. Ich warf mich auf meine Knie und betete zu Gott, dass er mir die richtige Entscheidung schenkte. Noch im Gebet wurde mir klar: Ich kann dieses Dorf nicht verlassen, hier, wo schon vier Glaubensgeschwister den Märtyrertod gestorben waren. Wenn ich ging, wer sollte dann hier noch nach den Schafen Jesu schauen? Die Gefahr war groß, dass sie Jesus verlassen und ihren Glauben verlieren würden. Also musste ich bleiben und sie unterstützen, damit keiner verloren ging und in die Hölle kam. Gestärkt und mit Frieden im Herzen kehrte ich zu der Versammlung zurück. Mit großer Gelassenheit erklärte ich, dass ich mein Reisfeld und die kleine christliche Gemeinde nicht im Stich lassen konnte. Irgendwie muss meine Standhaftigkeit sie beeindruckt haben, denn sie sprachen kein Urteil über mich, sondern verlängerten nur meinen Hausarrest.

Dann kam auch in unser Dorf das Coronavirus und viele wurden krank. Durch meine vorherige Isolation aufgrund des Hausarrests blieb ich gesund und konnte mein Reisfeld abernten. Mit dem Reis habe ich die kranken Naxaliten vor dem Verhungern bewahrt und ihnen gezeigt, wie Jesus-Leute handeln: Sie üben keine Rache, sondern zeigen Liebe! Dieses Verhalten hat vier der Naxaliten-Kommandeure so bewegt, dass sie zum Glauben an Jesus Christus fanden. Die Corona-Pandemie wurde in unserem Dorf zum Segen! Und in den folgenden zwei Jahren gab mir Jesus die Kraft und Gnade, zwei weitere Gemeinden in benachbarten Dörfern zu gründen. Gott sei alle Ehre!

Abraham *ist Evangelist im Dschungelgebiet und arbeitet eng mit Gopal und der Gudem Pastors' Fellowship zusammen.*

EIN BRANDANSCHLAG, DER LEBEN VERÄNDERT

Ihr werdet die Wahrheit erkennen, und die Wahrheit wird euch befreien!

Johannes 8,32

Seit einigen Monaten kam eine junge Frau namens Latta in unsere Gottesdienste in Bandapalli. Sie fand bei uns schnell Anschluss, weil sie im gleichen Alter war wie meine Kinder. Gerne sang sie die fröhlichen Jesus-Lieder, und wenn sich die Gemeindejugend traf, war sie auch immer mit dabei. Traurig war sie nur darüber, dass ihre Eltern kein Interesse am christlichen Glauben zeigten. Sie wollten nichts von Jesus wissen, aber immerhin erlaubten sie ihrer Tochter Latta, in unsere Gemeinde zu gehen. Manchmal berichtete sie, wie sich ihre Eltern bemühten, einen passenden Ehemann für sie zu finden. Doch für eine Ehe fühlte sie sich noch nicht bereit.

Als ihre Eltern für ein paar Tage verreisten, freute sich Latta über noch mehr Freiheit und kam fast täglich zu meinen Kindern oder zu unseren Gemeindeveranstaltungen. Sie hatte sich vorgenommen, gemeinsam am Fastengebet unserer Kirchengemeinde teilzunehmen. Schon den ganzen Tag hatten wir auf Essen verzichtet, um noch intensiver und konzentrierter beten zu können. Mein Sohn und meine Tochter waren den ganzen Abend mit dabei, als wir beteten und sangen. Aber von Latta keine Spur. Etwas enttäuscht gingen meine Kinder am späten Abend zu Lattas Elternhaus. Doch als sie näherkamen, sahen sie, dass das Haus brannte. Ein paar Nachbarn hatten begonnen, eine Eimerkette zu bilden und das Haus zu löschen. Sofort reihten sich mein Sohn und meine Tochter ein. Aber es war zu spät, das kleine Haus brannte lichterloh und konnte nicht mehr gelöscht werden. Und dann machten die Helfer einen grausigen Fund: eine verkohlte Frauenleiche lag in der Brandruine – Latta!

Als die Eltern nach Hause kamen und von der entsetzlichen Katastrophe erfuhren, machten sie sofort uns Christen Vorwürfe. Sie zeigten uns bei der Polizei an, dass wir das Haus angezündet hätten und dass meine beiden Kinder die Hauptschuldigen seien. Der Polizeioffizier nahm die Anzeige entgegen und verhaftete sofort meine Tochter und meinen Sohn. Die Staatsanwaltschaft eröffnete das Verfahren und behielt die beiden einen Monat in Haft. Wir hatten leider nicht genügend Geld, um einen Anwalt zu beauftragen. Aber wir haben als Gemeinde jeden Tag gebetet, dass Gott uns Gerechtigkeit verschaffen möge.

Eine vom Staatsanwalt beauftragte Obduktion von Lattas Leichnam brachte dann die Wahrheit ans Licht. Es wurde nachgewiesen, dass Latta, bevor das Haus in Brand gesteckt wurde, bereits mit vielen Messerstichen ermordet worden war. Die weitere Ermittlung, bei der auch Lattas Eltern wichtige Hinweise geben konnten, führte schließlich zu einem jungen Mann aus dem Nachbardorf. Er hatte sich schon an der High-School in Latta verliebt, aber sie hatte nie Notiz von ihm genommen. Er hatte seine Eltern gebeten, mit Lattas Eltern Hochzeitsverhandlungen zu führen. Aber diese hatten schnell eine Absage erteilt. So war der enttäuschte Verliebte an jenem Abend zu Latta gegangen. Als er sah, dass sie allein zu Hause war, wollte er sie dazu überreden, ihn zu heiraten. Als sie ihm freundlich, aber bestimmt erklärte, dass das für sie nicht in Frage komme, hatte er im Wahn mehrere Male mit einem mitgebrachten Messer auf sie eingestochen. Als er realisierte, dass er sie getötet hatte, versuchte er seine Tat durch die Brandstiftung zu vertuschen.

Nach dieser polizeilichen Erkenntnis wurden meine beiden Kinder sofort aus dem Gefängnis entlassen. Zerknirscht über ihre voreilige Beschuldigung suchten Lattas Eltern das Gespräch mit unserer Familie. Wir haben sie freundlich in unser Haus eingeladen und lange miteinander gesprochen und auch miteinander um Latta geweint. Sie haben gemerkt, dass wir friedliebende Menschen sind und dass es Latta bei uns immer sehr gut gefallen hatte. So beschlossen auch sie, sonntags in unseren Gottesdienst zu kommen. Nach einigen Wochen hat der Herr Jesus ihre Herzen erreicht und sie mit seiner Liebe erfüllt. Nun sind auch sie Kinder Gottes und werden demnächst die Taufe empfangen.

Sukku *ist Pastor in Bandapalli und stammt aus dem Stamm der Savara. Als Vorsitzender der Pastors' Fellowship in Tekali trägt er eine große Verantwortung für viele Pastoren und Gemeinden.*

NIE ALLEIN

Und er zeltete unter uns.   *Johannes 1,16*

Ich bin Suguna und wurde im Januar 2023 zur Pastorin der Nethanja-Kirche ordiniert. Ich bin in einem Dorf in der Nähe von Kondalaagraharam aufgewachsen, wo meine Eltern vor etwa vierzig Jahren zum Glauben an Jesus Christus gefunden hatten. Das geschah durch die evangelistische Tätigkeit von Kripanandam Komanapalli, den Vater der heutigen Nethanja-Bischöfe Singh, Jeevan und Pratap. Gemeinsam mit meinen Eltern hat er auch mich dazu ermutigt, mein Leben ganz dem Herrn Jesus zur Verfügung zu stellen. So kam ich im Jahr 1990 an die Bibelschule in Visakhapatnam und habe den Evangelisten-Trainingskurs mitgemacht, der insgesamt sechs Wochen dauerte. Zeitgleich studierte dort im dreijährigen Studiengang ein netter junger Mann namens Sudashan. Wir fanden uns auf Anhieb sympathisch und auf Vermittlung von Bischof Singh stimmten auch unsere Eltern dieser Beziehung zu. Wir heirateten im Jahr darauf, nachdem Sudashan sein Studium beendet hatte.

Unsere erste Aufgabe war die Leitung des Nethanja-Kinderheims Polluru im Dschungelgebiet. Aber schon nach einem Jahr wurde uns klar, dass Gott uns gemeinsam im Verkündigungsdienst haben wollte. Wir zogen aus dem Dschungel wieder hinunter in eins der Dörfer außerhalb von Visakhapatnam. Niemand der Einwohner kannte Jesus. Wir haben unsere neuen Nachbarn regelmäßig in die Gottesdienste bei Bischof

Singh in Paradesipalem eingeladen und manche fanden so den Weg zu Jesus.

Gott legte uns aufs Herz, dass wir uns um die noch Ärmeren kümmern sollten, die in den Slums der Großstadt Visakhapatnam lebten. Erneut zogen wir um und lebten in einer primitiven Hütte mit einem undichten Dach aus Palmblättern und Plastikplanen. Genau genommen schliefen wir nur in der Hütte, denn es passte nur ein Bett hinein. Das Leben spielte sich draußen ab. Direkt neben der Hütte war ein Abwasserkanal, der übel roch. Aber wir haben uns bewusst dafür entschieden, ganz wie diese armen Menschen zu leben, damit unser Zeugnis von der Liebe Gottes glaubwürdig war.

Direkt neben uns wohnte eine Frau mit ihren beiden Kindern. Ihr habe ich immer von Jesus erzählt. Und wenn es stark regnete, durfte ich mit meinem kleinen Baby bei ihr in der Hütte übernachten, weil bei uns alles unter Wasser stand. Sie kam als Erste in diesem Slum zum Glauben an Jesus. Später stiftete sie den Platz ihrer Hütte, damit wir dort eine kleine Kirche errichten konnten. Nethanja baute an dieser Stelle ein zweigeschossiges Gebäude, das heute unser Community Center ist. Es hat im Obergeschoss einen großen Raum, in dem wir Gottesdienste feiern und Unterricht anbieten, im Erdgeschoss ist ein medizinischer Behandlungsraum.

Mein Mann und ich waren ein gutes Evangelisationsteam, wir haben immer alles gemeinsam gemacht. Seine Gabe war es, wunderschön Trommel zu spielen, und ich kann gut singen. So sind wir durch die Straßen der Slums gezogen, haben musiziert und von Jesus erzählt. Denn diese befreiende Botschaft musste dringend in den dunklen Stadtvierteln voller Gewalt, Prostitution, Diebstahl und bitterster Armut verkündet werden. Wir haben immer gemeinsam als Team gearbeitet. Mit dem Fahrrad besuchten wir regelmäßig acht Slums und gingen auch zu den Aussätzigen. Die waren ganz erstaunt, dass wir sie nicht wie alle anderen aus Angst vor Ansteckung mieden, sondern extra zu ihnen kamen. Was uns besonders viel Sympathie und Anerkennung einbrachte, war unsere Bereitschaft, Beerdigungen zu organisieren. Bei Trauerfällen haben wir einen Sarg besorgt und den Transport in einer Autorikscha organisiert. Wir haben, wenn gewünscht, eine Ansprache bei der Beerdigung übernommen und die Trauernden noch öfter besucht. Wir haben alle Leute immer mit großem Respekt behandelt, egal, wer sie waren. Viele haben sich für die Botschaft von Jesus interessiert, weil wir ihnen ganz praktisch Gottes große Liebe gezeigt haben. Innerhalb der ersten zwei Jahre sind mehr als hundert Leute zum Glauben gekommen und wurden getauft. Dadurch wuchsen die kleinen christlichen Gemeinden. Wir haben junge Christen für ein Jahr ans Bible-College geschickt, damit sie als Evangelisten unsere Arbeit fortsetzen könnten. Insgesamt haben wir dreißig christliche Slum-Gemeinden gegründet.

Vor vier Jahren verstarb Sudashan plötzlich. Er, der bekannt war als „der Mann mit der Trommel", hinterließ eine große Lücke. In meiner großen Trauer wusste ich, dass er nun bei Jesus war. Aber ich sah auch, dass nicht nur unsre beiden Kinder ihren Vater verloren hatten, sondern sehr viele Christen ihren geistlichen Vater. Doch dann habe ich seine Aufgaben übernommen, die Leute zu besuchen und in den Häusern für sie zu beten. Ja, das Gebet ist mir besonders wichtig. Jeden Morgen um fünf Uhr und jeden Nachmittag gibt es eine Gebetsversammlung in unserer Kirche. Mehr und mehr sahen die Christen in mir ihre geistliche Mutter. In der Fastenzeit von Aschermittwoch bis Karfreitag führen wir jeden Abend eine Passionsandacht durch. Predigen hatte ich nie gelernt, aber wir feierten die Andacht mit Singen, Beten und einer kleinen Besinnung über einen Bibelvers. Dabei habe ich selbst sehr viel gelernt!

Viele in der Gemeinde hatten zuerst große Zweifel, ob denn alle Gebete meines Mannes vergeblich gewesen seien, weil ja Gott Sudashans eigene Gebete wohl nicht erhört hatte. Mir wurden schwierige Fragen gestellt, wie: Sind die Gebetsbitten der Leute, die sich mein Mann in sein Fürbittenheft notiert hatte, komplett hinfällig? Heute kann ich mit

Sicherheit sagen: Das Gegenteil ist der Fall! Alles, was auf Sudashans Gebetsliste notiert war, ist in den vergangenen vier Jahren von Gott vollständig erfüllt worden: Kranke wurden gesund, aus dem Slum entführte oder verkaufte Kinder sind wieder zurück bei ihren Eltern, schwere Examen wurden bestanden, kaputte Ehen wurden heil. Weil wir weiter gebetet haben, hat Gott so viele Wunder getan.

Über die Entscheidung des Bischofs, mich zur Pastorin zu ordinieren, habe ich mich mit der ganzen Gemeinde sehr gefreut. Dadurch ist nun die große Wunde geheilt, dass der Pastor nicht mehr da ist. Jetzt habe ich ganz offiziell den Auftrag, die pastoralen Aufgaben zu verantworten. Gleich am Tag nach der Ordination ist ein 39-jähriger Mann gestorben. Nun musste ich nicht mehr einen benachbarten Pastor zu uns bitten, sondern habe die Trauerfeier selbst geleitet. Ich konnte die Frau mit ihren beiden Kindern gut seelsorgerlich begleiten, weil ich ja auch eine Witwe mit zwei Kindern bin.

In unserem Community Center führen wir Nähkurse durch. Dadurch werden viele Frauen, die von ihren Männern im Stich gelassen wurden, selbstständig und selbstbewusst. Ich konnte so über fünfzig von ihnen aus dem Elend der Prostitution befreien. Viele sind dabei auch zum Glauben gekommen. In den Räumen geben wir Unterricht, den meine Tochter verantwortet. Tagsüber kommen mit Aids infizierte Kinder, die an den Schulen nicht angenommen werden, und abends gibt es Nachhilfe für die Slumkinder, die an den Schulen überfordert sind. Vor allem den älteren Frauen ist es eine große Hilfe, dass in unserem Behandlungsraum jeden Morgen ein Arzt kommt und eine kostenlose Sprechstunde anbietet. Dadurch konnte schon viel körperliches Leid geheilt werden.

Auch Seelsorgeprobleme werden durch Gespräche und Gebet gelöst: So war ein christliches Ehepaar nach langem Streit auseinandergegangen. Die Frau kam weiterhin morgens zum Gebet, und ihr Mann nachmittags. Beide haben immer gebetet: „Herr, ändere meinen Ehepartner!" Das Gebet wurde anders erhört als gedacht. Nach vier Jahren Gebet und

Seelsorge waren beide bereit, sich zu verändern, und sind nun wieder zusammengekommen. Jetzt bauen sie ein Haus und sehen für sich eine gemeinsame Zukunft, verbunden in Jesus.

Oder die junge Frau, die schwer psychisch erkrankt war, sodass sie nicht mehr zur Schule gehen konnte. Wir haben uns viel Zeit für Seelsorge und Gebet genommen. Und der Herr hat sie geheilt. Sie konnte ihren Schulabschluss machen und ein Ingenieurstudium absolvieren. Vor Kurzem hat sie einen gut bezahlten Arbeitsplatz gefunden. Wir haben mit der ganzen Gemeinde ein großes Dankfest gefeiert.

Obwohl mir mein Mann noch immer fehlt, bin ich nie allein. Ich weiß mich von Jesus und meiner Kirche beauftragt, und viele Menschen stehen mir zur Seite!

Suguna *ist Nethanja-Pastorin in einem Slum in Visakhapatnam.*

IN GROSSEN HERAUSFORDERUNGEN

Christus hat also am eigenen Leib erfahren, was Leiden heißt.
Macht euch daher seine Einstellung zu eigen, damit ihr für
alle Herausforderungen gewappnet seid.

1. Petrus 4,1

Ich bin schon lange Pastor der Nethanja-Kirche mitten im Dschungel-gebiet. In den letzten dreißig Jahren hat sich viel verändert. Ich erin-nere mich, wie ich in der Anfangszeit noch Gefahren durch wilde Tiere ausgesetzt war. Einmal ging ich mit meinem Bruder in ein abgelegenes Dschungeldorf. Plötzlich stand uns ein Tiger gegenüber. Wir erstarrten vor Angst und wagten nicht mehr, uns zu bewegen. Leise flehten wir zu unserem Herrn Jesus, er möge uns vor diesem gefährlichen Tier bewah-ren. Gefühlt verharrten wir eine lange Zeit in dieser Situation, tatsäch-lich waren es wahrscheinlich nur zwei Minuten, bis die riesige Wildkatze sich von uns abwandte und im Dickicht des Dschungels verschwand. Wir priesen unseren großen Gott und setzten unseren Fußmarsch in das Dorf fort. Heute gibt es bis tief in den Dschungel hinein gut ausgebaute Straßen sowie ein funktionierendes Strom- und Telefonnetz. Affen begeg-net man noch vielen, aber einen Tiger habe ich schon viele Jahre nicht mehr gesehen.

Wenn wir früher auf Menschen gestoßen sind, die noch Tiere, Bäume, Berge und Wasser als Götter angebetet haben, konnten wir ihnen leicht von Gott, dem Schöpfer der ganzen Natur berichten. Heute dringen radikale Hindus mit ihrer aggressiven Form der Mission immer tiefer in den Dschungel ein und versuchen diese Naturvölker zu bekehren. Dabei werden sie von höchsten Regierungsstellen unterstützt.

Geblieben sind für unsere kleinen christlichen Gemeinden die großen Herausforderungen, die durch Armut, Krankheiten, Terrorismus und andere Religionen entstehen.

Da ist zum Beispiel die sehr kleine christliche Gemeinde im Dorf Wasuwa; eigentlich sind es nur drei Familien, die an Jesus glauben, alle anderen sind Animisten und beten Naturgötter an. Als ich neulich eine Nachricht erhielt, dass einige der Christen erkrankt waren, bin ich mit meinem Auto zu ihnen gefahren. Ich stellte es am Rand des Dorfes ab und ging die letzten Meter zu Fuß, in der einen Hand meine Bibel, in der anderen ein paar Medikamente. Ich habe mit den Familien gesungen und gebetet, ihnen aus der Bibel vorgelesen und sie getröstet. Für die Medikamente, die ich mitgebracht hatte, waren sie sehr dankbar. Ich verließ sie mit einem Segensgruß und ging zurück zu meinem Auto, das zu meinem Erstaunen von vielen Dorfbewohnern umringt war. Zuerst dachte ich, sie schauen sich mein Auto genauer an, weil es hier im Dorf noch keins gab. Dann aber traten sie mir feindselig gegenüber und versperrten mir den Zutritt zum Auto. Sie riefen: „Du verachtest unsere Baumgöttin, die unser Dorf immer beschützt hat. Du willst uns nur bekehren zu deinem Jesus und lachst über unsere große Göttin! Zur Strafe musst du zu Fuß nach Hause gehen und dein Auto als Opfer für die Baumgöttin hier zurücklassen."

Ich erwiderte freundlich: „Ich habe nichts gegen eure Göttin. Ich wollte hier niemanden bekehren, ich habe nur meine kranken Geschwister besucht. Das ist doch nichts Verbotenes." Ihr Sprecher aber sagte: „Beweise, dass du unsere Göttin ehrst, indem du sie anbetest. Dann bekommst du dein Auto wieder." Ich antwortete weiterhin freundlich: „Ich respektiere euch und eure Göttin. Aber ich kann nur zu dem lebendigen Gott beten, dem Vater und Schöpfer und dem Herrn Jesus."

Dann machte ich mich auf den langen Fußmarsch nach Hause. Meine Familie staunte, als ich ohne Auto zurückkehrte. Als ich ihnen alles erzählt hatte, sagten sie, dass ich richtig gehandelt hätte. Eine Woche später, es war kurz vor Weihnachten, machte ich mich wieder auf den Weg nach Wasuwa. Als ich ankam, stand mein Auto unbeschadet am Dorfeingang. Sie hatten ihm nur eine Blumengirlande als Zeichen eines Opfers für ihre Göttin umgehängt. Ich besuchte die drei christlichen Familien, die alle wieder gesund waren und hielt eine kleine Adventsandacht. Dann trat ich auf den Dorfplatz und sang ein Weihnachtslied. Neugierig kamen die Dorfbewohner näher. Sie waren erstaunt, dass ich mich wieder hergewagt hatte. Ich rief ihnen zu: „Unser Herr Jesus feiert seinen Geburtstag! Ich möchte euch alle gerne zu seinem Fest einladen. Habt ihr Lust zu feiern?" Sie riefen: „Ja, wir feiern gerne mit dir! Hast du auch ein Festessen dabei?" Ich bejahte und alle setzten sich erwartungsvoll hin. Ich griff zu meinem Handy und rief einen Mitarbeiter an, der einen Kilometer entfernt mit einer Autorikscha voll mit zubereitetem Essen wartete. Ich sagte, dass er in 20 Minuten kommen solle. Dann sang ich wieder ein Jesus-Lied und erzählte allen die Weihnachtsgeschichte. Gebannt hörten alle zu, als ich erzählte, dass Gott seinen Sohn aus Liebe zu uns Menschen schickte und uns von aller Not und dem Tod errettete. Als ich fertig war, kam die Rikscha mit dem Festessen um die Ecke. Es wurde ein fröhlicher Festabend und zum Abschied erhielt ich quasi als Weihnachtsgeschenk mein Auto zurück. Seither kommen ein paar Leute mehr aus Wasuwa zum Gottesdienst in die nächstgelegene Nethanja-Kirche.

Oder ich denke an das Erlebnis mit Lakshmi. Ihr Sohn Kranti war vor einigen Jahren von den Naxaliten entführt worden. Das war für Lakshmi ein großer Schmerz. Sie hat nie mehr etwas von ihm gehört. Sie wusste nicht, ob er inzwischen aus Überzeugung bei den Terroristen mitkämpfte oder ob er gar im Kampf gegen die Polizei umgekommen ist. Dass sie den Namen der indischen Glücksgöttin Lakshmi trug, schien ihr immer mehr eine bitterböse Ironie zu sein. Ohne ihren Sohn, der sie im Alter versorgen sollte, sah sie für sich keine Lebensperspektive mehr. So beschloss Lakshmi, sich das Leben zu nehmen. Das hat eine aufmerksame Nachbarin mitbekommen und mir mitgeteilt. Sofort bin ich zu Lakshmi gegangen und habe sie aus ihrer trostlos leeren Hütte mit in unsere Kirche genommen. Dort waren gerade ein paar Frauen zum Beten beieinander. Lakshmi setzte sich still dazu und kam innerlich etwas zur Ruhe. Lange sprachen meine Frau und ich mit ihr. Wir luden sie ein, eine Weile bei uns zu wohnen und sie nahm gerne an. Diese Tage taten ihr gut, immer mehr öffnete sie sich der guten Nachricht von Jesus Christus. Sie wurde zunehmend ruhiger und innerlich stark. Ich versuchte ihr zu vermitteln, dass Gott auch in schwierigen Zeiten treu bleibt. Ich erzählte ihr von Hiob, der nach dem Verlust seiner Kinder sagen konnte: „Herr, du hast mir alles gegeben, du hast mir alles genommen, dich will ich preisen!" Sie aber antwortete: „Du hast mir auch von Hanna erzählt, die Gott versprochen hat, ihr Kind ganz Gott zur Verfügung zu stellen, wenn sie schwanger wird! So mache ich es auch: Wenn der Herr mir meinen Sohn zurückbringt, dann soll er ganz im Dienst für Jesus sein!" Innerlich in großem Frieden und Gottvertrauen kehrte sie in ihre Hütte zurück. Und das Wunder geschah: Am nächsten Tag stand Kranti vor ihrer Tür! Voller Freude nahm sie ihn an der Hand und kam mit ihm zu mir gerannt. Sie rief mir schon von Weitem zu: „Der verlorene Sohn ist wieder da!" Bevor ich sie loben konnte, dass sie sich so gut in der Bibel auskannte, fragte sie: „Pastor, was soll ich jetzt machen? Ich habe doch Gott versprochen, ihm meinen Sohn zu geben!" Ich schlug ihr vor, dass Kranti nach einer gewissen Zeit zu Hause dann das Nethanja-Bible-College besuchen könnte, um später Pastor zu werden. Freudig willigte sie ein. Kranti studiert jetzt bereits im ersten Jahr in Visakhapatnam.

Prasad *ist Pastor im Dschungelstädtchen Chintapalli und leitet als Supervisor die dortige Pastors' Fellowship.*

Nach diesem spannenden Bericht haben wir Kranti im Bible-College aufgesucht und ihn gebeten, uns zu erzählen, was er bei den Naxaliten erlebt hat und wieso er nach Hause zurückgekommen ist.

Ich bin Kranti und ich wurde vor etwa fünf Jahren, als ich gerade 13 Jahre alt war, mitten auf dem Marktplatz in Chintapalli von den Naxaliten entführt. Sie packten mich von hinten und hielten mir den Mund zu, damit ich nicht schreien konnte. Einer von ihnen murmelte, dass dies eine Strafe für meinen Vater sei. Aber das habe ich nicht verstanden, denn ich kenne meinen Vater gar nicht. Vielleicht hatten sie mich auch mit einem anderen Jungen verwechselt. Sie zwangen mich, sie in den tiefen Dschungel hinein zu begleiten. Nach einigen Stunden Fußmarsch kamen wir an einem ihrer Lager an. So abgelegen, wie es war, brauchte ich gar nicht an Flucht zu denken. Ich war nicht der einzige Junge dort. Manche Naxaliten wohnen mit ihrer ganzen Familie zusammen und es waren auch noch ein paar andere entführte Kinder da. Wir durften viel miteinander spielen, was mir sehr gefiel, weil ich zu Hause ein Einzelkind war. Ich wurde gut behandelt und wir hatten viel Spaß miteinander. Daheim hatte es oft Streit gegeben, ich konnte es meiner Mutter nie recht machen. Die Schule vermisste ich überhaupt nicht. Ich war bis zur sechsten Klasse gekommen, aber an der staatlichen Schule gab es keine freundlichen Lehrer. Bei den Naxaliten war es anders. Sie haben uns Jugendliche auf spielerische Weise ausgebildet, mit Waffen, Bomben und Brandsätzen umzugehen. Das hat mir richtig Spaß gemacht. Sie haben mir beigebracht, dass sie für eine gerechte Sache kämpfen und dass ich dabei helfen kann, andere Menschen aus Sklaverei und Abhängigkeit zu befreien, indem wir den ungerechten und korrupten Staat bekämpften. Ihre Ideologie hat mich immer mehr davon überzeugt, dass Religion die Menschen nur verdummt und der bewaffnete Kampf die bessere Form sei. Mich beeindruckte auch die Disziplin in ihren Kampfgruppen und wie zuverlässig die Kommandeure waren.

Es ging auch sehr sauber zu, auf ein gepflegtes Äußeres wurde geachtet. Sie haben mir eine Uniform gegeben, in der ich gut aussah, und zu essen gab es auch immer reichlich. Ich bekam mein eigenes Gewehr und sie versprachen mir, dass ich eines Tages mal ein Kommandeur werden könnte. Und wenn ich alt genug sei, würden sie mir ein attraktives Mädchen zur Frau geben. So wurde ich auf den künftigen aktiven Kampf vorbereitet und war selbst von der ganzen Sache überzeugt. Aber erst mit 18 Jahren hätte ich das offizielle Gelöbnis ablegen können. Das Einzige, was mir nicht gefiel, war das ständige Umziehen von einem Dorf ins andere, von einem geheimen Lager ins nächste. Aber nur so konnten wir den Suchtrupps der Polizei entgehen.

Ein paar Monate vor meinem 18. Geburtstag übertrugen sie mir zur Probe eine wichtige Aufgabe. Ich sollte auf dem Marktplatz in meinem Heimatort alles genau auskundschaften und beobachten, wo die Polizeiposten waren, welche Händler am meisten verdienten und wie gut geschützt die kleine Bank war. Es war genau der Platz, auf dem ich vier Jahre zuvor entführt worden war. Als ich mich dort unauffällig bewegte, legte sich plötzlich eine Hand auf meine Schulter und eine weibliche Stimme sprach: „Bist du nicht Kranti? Lass dich anschauen, so groß bist du geworden!" Ich drehte mich um und sah in das Gesicht meiner Tante. Ausgerechnet die Einzige aus der ganzen Verwandtschaft, die ich mochte, musste mich hier entdecken. Sie lud mich zu sich nach Hause ein. Kaum hatte sie mir eine Tasse Tee eingeschenkt, stand die Polizei vor der Tür. Irgendwie hatten sie erfahren, dass einer der Naxaliten hier war. Sie nahmen mich gefangen und steckten mich ins Gefängnis. Aber meine Tante setzte sich für mich ein und sagte, dass ich ein Entführungsopfer der Naxaliten war. Zudem konnte sie mit einem Dokument nachweisen, dass ich noch minderjährig war und deshalb nicht wegen Terrorismus verhaftet werden durfte. Der Polizeichef beugte sich ihrer Argumentation, sah mich nachdenklich an und sagte dann scharf: „Ich lass dich heute frei, wenn du versprichst, nicht wieder zu den Naxaliten zurückzukehren. Aber wenn du weiterhin bei ihnen mitmachst, dann werde ich dich sofort verhaften und, egal wie alt du bist, für eine lange Zeit ins Bezirksgefängnis stecken!" Das wollte ich nun wirklich nicht und versprach, nach Hause zurückzugehen. So kam ich also zu meiner Mutter, einen Tag nachdem sie mit Pastor Prasad gesprochen hatte.

Jetzt studiere ich am Bible-College und tauche in eine ganz andere Welt ein. Hatte ich bei den Naxaliten jegliche Religion abgelehnt, so lerne ich hier etwas ganz Neues kennen, was mich noch mehr fasziniert und begeistert. Ich war einverstanden hierher zu kommen, weil meine Mutter es Gott versprochen hatte. Aber ich wollte mir natürlich auch eine eigene Meinung bilden und mir genau anhören, was die Christen glauben und lehren. Es gefällt mir wirklich, es ist eine gute Lehre. Ich bin genau zur rechten Zeit von meiner Tante entdeckt worden, denn wenn ich noch ein paar Monate länger bei den Naxaliten geblieben wäre, hätte ich dort das Gelöbnis abgelegt und mich vollkommen radikalisiert. War es mir bei den Terroristen besser gegangen als zu Hause, so geht es mir am Bible-College noch viel besser. Hier sind alle freundlich und es herrscht ein liebevoller Umgang. Ich bin auch zu meinem eigenen Schutz hier im Bible-College – weit weg von meinen ehemaligen Gefährten. Wenn in den Studienferien alle nach Hause fahren, dann werde ich hier bleiben und Bischof Singh unterstützen, weil es im Dschungelgebiet zu gefährlich für mich wäre, von den Naxaliten zurückgezwungen oder von der Polizei doch noch verhaftet zu werden.

Herausfordernd im Bible-College ist für mich allerdings das viele Lesen und Schreiben. Die anderen haben zehn oder zwölf Schuljahre hinter sich, ich nur sechs. Aber die Lehrer haben viel Geduld mit mir und helfen mir sehr. Inzwischen habe ich sogar schon das ganze Neue Testament gelesen, das Matthäusevangelium und die Apostelgeschichte haben mir am besten gefallen. Nach den drei Jahren Studium möchte ich gerne wieder in meine Heimat zurück und als Evangelist andere aus der terroristischen Bewegung befreien. Und so, wie die Naxaliten Jugendliche durch attraktive Schulungen für ihren Kampf gewinnen, so möchte ich junge Leute ebenfalls mit attraktiven Angeboten für Jesus gewinnen. Auch das Naxaliten-Dorf, wo ich die meiste Zeit verbracht habe, möchte ich zu einem Jesus-Dorf umwandeln. Tief im Dschungel gibt es noch viele Dörfer, wo die Menschen noch nie etwas von Jesus gehört haben. Dorthin möchte ich gerne gehen, am besten gemeinsam mit einem anderen Evangelisten, der früher auch mal bei den Naxaliten war. Denn wir kennen ihr Vorgehen und möchten dadurch mit ihnen in Kontakt kommen, um von der noch größeren Gerechtigkeit zu berichten, für die wir nicht mit Waffen kämpfen müssen, sondern die wir durch den Glauben an Jesus Christus von Gott geschenkt bekommen.

WELLEN DES TODES WERDEN ZUM WASSER DES LEBENS

Ich habe ihn aus dem Wasser geholt.   2. Mose 2,10

Ich möchte euch von Madhu Vinay berichten. Er ist hier im Fischerdorf Yarada aufgewachsen und alle nennen ihn nur Vinay. Zu unserer kleinen christlichen Kirchengemeinde hatte er keinen Kontakt, weil in seiner Familie alle Hindus sind. Doch vor einigen Monaten ist eine christliche Familie aus beruflichen Gründen von Hyderabad hierhergezogen. Sie haben sofort Anschluss in unserer Gemeinde gefunden und sich dadurch rasch hier eingelebt. Sie haben eine hübsche Tochter namens Yamini. Als Vinay sie sah, verliebte er sich sofort in sie. Immer wieder sah man ihn sonntags in der Nähe der Kirche, weil er Yamini treffen wollte, wenn sie mit ihren Eltern zum Gottesdienst ging. Es gelang ihm auch ab und zu, Yamini kurz zu sprechen. Das bestärkte ihn darin, dass sie die Frau seines Lebens werden sollte.

So wandte er sich an seine Eltern mit der Bitte, Kontakt zu Yaminis Eltern aufzunehmen und um ihre Hand anzuhalten. Es ist in Indien nach wie vor üblich, dass die Ehe von den Eltern arrangiert wird. Die meisten Jugendlichen akzeptieren diese Tradition und vertrauen der Einschätzung ihrer Eltern. Aber sie nehmen sich auch die Freiheit, ihren Eltern einen Hinweis zu geben, wer für sie in Frage kommen könnte. Und wenn die Eltern jemanden vorschlagen, den sie gar nicht mögen, dann sagen sie auch selbstbewusst Nein! Vinays Eltern wurden in Yaminis Familie freundlich empfangen. Aber schon nach kurzer Zeit endete das Gespräch, als klar wurde, worum es ging. Freundlich, aber bestimmt sagten Yaminis Eltern: „Solange euer Sohn nicht an Jesus Christus glaubt, kommt er für eine Heirat nicht in Frage. Wir wollen, dass unsere Tochter eine glückliche Ehe führen kann. Das geht nur, wenn sie einen Mann heiratet, mit dem sie denselben Glauben teilen kann!"

Als Vinay von der gescheiterten Brautwerbung erfuhr und vom Grund für die Ablehnung, wollte er nicht mehr länger leben. Er kannte diesen Jesus ja gar nicht und er wusste, dass seine Eltern ihn verstoßen und verachten würden, wenn er den Glauben seiner Familie verließe. Verzweifelt beschloss er, seinem Leben ein Ende zu setzen. Er schluckte Gift und ging an den Strand. Mit letzter Kraft, bevor das Gift zu wirken begann, ging er in die Brandung und ließ sich in die Wellen fallen.

Das sah ein Fischer, der gerade am Strand sein Boot für den nächtlichen Fischfang richtete. Er rannte in die Brandung und zog Vinays leblosen Körper an Land. Während er mit Wiederbelebungsmaßnahmen begann, rief er anderen zu, sofort Hilfe zu holen. Rechtzeitig konnte Vinay ins Krankenhaus gebracht werden, wo ihm der Magen ausgepumpt wurde. Lange lag er schwach und verzweifelt im Krankenbett. Die Nethanja-Gemeinde in Yarada betete währenddessen intensiv für ihn, und seine Mutter hat mich täglich bedrängt, ihren Sohn zu besuchen. Das war wie bei dem Gleichnis, das Jesus vom hartherzigen Richter erzählt (Lukas 18,1-8). So wie die Witwe im Gleichnis unablässig gebettelt hat, so hat es auch diese Mutter getan. Schließlich fuhr ich ins Krankenhaus und besuchte Vinay. Ich erzählte ihm von Jesus und betete für ihn. Vinay hörte aufmerksam zu, vor allem, als ich ihm sagte, dass Jesus ein Freund des Lebens ist und dass er in verzweifelten Situationen Wege öffnen kann, die niemand für möglich hält. Nach einigen Wochen konnte Vinay nach Haus zurückkehren. Jeden Sonntag kam er nun in unseren

Gottesdienst, aber nicht mehr, um Yamini zu sehen, sondern um mehr von Jesus zu erfahren, der das Beste für uns Menschen will. Auch seine Mutter kommt seither mit in den Gottesdienst, weil sie den Christen dankt, dass sie für ihren Sohn gebetet haben. Dass ihr Sohn sich zu unserer Gemeinde hält, stört sie nicht, denn sie freut sich so sehr, dass er noch lebt. Inzwischen hat auch ein klärendes Gespräch zwischen Vinay und Yamini samt ihren Eltern stattgefunden. Sie sehen, dass er es mit dem christlichen Glauben ernst meint, nicht wegen ihrer Tochter, sondern weil er zu Jesus gefunden hat. Unter diesen Umständen werden sie nichts mehr gegen eine mögliche Hochzeit einwenden. Nächsten Monat darf ich Vinay taufen, genau an dem Strand, wo er sich das Leben nehmen wollte. Nun wird dieses Wasser Vinay nicht zum Tod führen, sondern zum ewigen Leben!

Suresh *ist Pastor im Fischerdorf Yarada nahe der Großstadt Visakhapatnam. Er gehört zum UCIM-Leitungsteam um Bischof Singh und unterrichtet am Nethanja-Bible-College.*

VON DER VERACHTETEN DIENERIN ZUR ANGESEHENEN GROSSMUTTER

Ihr Sklaven, gehorcht in allem euren irdischen Herren. Tut es nicht nur, wenn sie euch beobachten – als ginge es darum, Menschen zu gefallen. Gehorcht ihnen vielmehr mit aufrichtigem Herzen und aus Ehrfurcht vor dem Herrn.

Kolosser 3,22

Noch ein weiteres Ereignis aus unserer Gemeinde in Yarada möchte ich berichten: In unserem Fischerdorf wohnt eine Frau namens Basheer. Niemand wollte mit ihr zu tun haben, alle Leute verachteten sie. Was war geschehen? Vor einigen Jahren war sie als ledige Frau in große finanzielle Schwierigkeiten geraten. Da hat sie das lukrative Angebot angenommen, für ein reiches Ehepaar aus einer indischen Großstadt, das anonym bleiben wollte, als Leihmutter deren Wunschkind auszutragen. Es ist alles gut gegangen und der für unsere Verhältnisse hohe Betrag, den sie dafür bekam, hat ihr geholfen, alle Schulden zu bezahlen. Aber von da an wurde es für sie sehr schwierig, denn alle Dorfbewohner, Nachbarn und Verwandten hielten ihre Leihmutterschaft für moralisch verwerflich. Sie betrachteten sie als große Sünderin. Niemand war seither bereit, ihr eine kleine Wohnung zu vermieten oder ihr Arbeit zu geben. Erst in unserer Nethanja-Gemeinde hat sie Anschluss und freundliche Annahme gefunden.

Schließlich bekam Basheer eine Stelle als Hausmädchen im Marinequartier. Oberhalb von Yarada, auf den Hügeln mit herrlichem Meerblick, stehen die Häuser und Wohnungen der Marineoffiziere und ihrer Familien. Es ist eine eigene kleine Stadt, zu der nur Marineangehörige Zugang erhalten. Als nach einiger Zeit Basheers Dienstgeber, der Offizier Pankaj und seine Frau Anu, von ihrer Vorgeschichte erfuhren, waren auch sie darüber entrüstet und änderten ihr Verhalten ihr gegenüber. Sie behandelten sie schlecht und erlaubten ihr auch nicht, die Stelle zu kündigen. Innerhalb des Marinequartiers könnte sie nie wieder eine andere Stelle bekommen, dafür würden sie sorgen. Zudem wurde sie sehr strengen Auflagen unterworfen, zu welchen Zeiten sie überhaupt das Marinequartier verlassen dürfe, um nach Hause oder einkaufen zu gehen. Sie lebte in diesem schönen Ort wie in einem Gefängnis.

Doch immer, wenn Basheer Zeit hatte, kam sie in unsere Kirche, die Tag und Nacht geöffnet ist, um zu beten und ihr Herz vor Gott auszuschütten. Als ich sie eines Tages dort antraf, fragte ich sie, warum sie so traurig war. Aber sie wollte mir nichts davon erzählen. Ich ließ sie in Ruhe und schloss Basheer umso mehr in meine Gebete ein. Eines Tages wandte sich Basheer an mich und sagte: „Bitte bete für meine Dienstgeberin Frau Anu!" Als ich sie noch nach einem konkreten Grund fragte, da brach es aus Basheer heraus, was sie in den letzten Monaten alles erleiden musste und wie tieftraurig sie in ihrem Herzen war. Ich fragte sie erstaunt: „Und trotzdem bittest du mich, für Frau Anu zu beten? Obwohl sie dir so viel Schwierigkeiten macht?"

Sie antwortete: „Ja, das stimmt, es ist sehr schwer, in ihrem Haus zu arbeiten, wo sie mich so viel Verachtung und Ablehnung spüren lassen. Auch dass ich in meiner Bewegungsfreiheit so eingeschränkt bin, ist sehr hart. Aber ich habe meine Arbeit immer in Liebe zu meinem Herrn Jesus Christus gemacht. Es steht doch in der Bibel, dass wir auch harten Herren treu dienen sollen." Über diese Antwort freute ich mich sehr. Ich staunte, was für eine reife Christin mir in diesem Moment gegenüberstand, von der ich noch viel lernen konnte.

Basheer sagte: „Inzwischen ist Frau Anu schwanger geworden, aber es geht ihr sehr schlecht. Sie muss sich jeden Morgen übergeben und ist dann ganz schwach auf den Beinen. Ich stehe ihr dann immer bei und halte sie fest, putze alles weg und begleite sie in ihr Schlafzimmer. Dann bleibe ich neben ihr am Bett sitzen und halte ihre Hand, bis sie eingeschlafen ist. Das hat unser Verhältnis sehr zum Positiven verändert. Sie nennt mich in diesen schwachen Momenten einfach »Amma«, also »Mutter«. Das bewegt mein Herz dann immer sehr, denn niemand nennt seine Dienerin einfach Mutter. Dadurch ist meine Arbeitgeberin mir zur Tochter geworden. Und sie behandelt mich viel respektvoller und ist offen für meine Ratschläge, weil ich ja auch schon eine Schwangerschaft erlebt habe. Weil es für Anu eine so schwere Schwangerschaft ist, bitte ich dich als Pastor und die ganze Gemeinde, für meine Arbeitgeberin zu beten." Von dieser erfreulichen Wendung der Situation war ich innerlich sehr bewegt. Gemeinsam mit Basheer betete ich für Anu, ihr werdendes Kind und ihren Mann Pankaj. Jeden Freitagabend beteten wir beim Gebetstreffen für dieses Ehepaar und viele Christen haben das auch die Woche über fortgesetzt.

Nach einigen Wochen kam Basheer wieder zu mir und berichtete, dass es Frau Anu im weiteren Verlauf der Schwangerschaft viel besser ergangen sei. Sie hatte den werdenden Eltern erzählt, dass die Christen in Yarada sie regelmäßig in ihr Gebet einschließen, was das junge Paar freute, obwohl sie den christlichen Glauben nicht kannten. „Heute aber‘, wandte sich Basheer an mich, „bitte ich um ein ganz besonderes Gebet. Demnächst wird die Entbindung sein und Frau Anu hat mich gebeten, sie ins Krankenhaus zu begleiten und bei der Geburt an ihrer Seite zu sein. Das freut mich, dass sie mir dieses Vertrauen schenkt! Und für diese Zeit brauche ich von dir, Pastor, ein besonderes Gebet, damit Jesus seine schützende Hand über die ganze Geburt hält." Das sagte ich natürlich gerne zu und vereinbart mit ihr, dass sie eine WhatsApp-Nachricht schicken sollte, sobald sie ins Krankenhaus führen.

Schon zehn Tage später war es so weit. Ich machte eine Audio-Aufnahme eines Gebetes für Mutter und Kind, Hebammen und Ärzte, den Vater und Basheer und sandte es per WhatsApp auf ihr Handy. Sie schaltete den Lautsprecher an und spielte dieses Gebet dann mehrfach während der Zeit der stärker werdenden Wehen und kurz vor der Geburt ab. Und der Herr hat mein Gebet erhört! Anu wurde ganz ruhig und brachte eine wunderschöne Tochter zur Welt.

Nach drei Wochen kamen plötzlich sonntagmorgens alle vier, das junge Marineoffiziersehepaar Pankaj und Anu, ihre kleine Tochter und die frischgebackene „Oma" Basheer in unsere Kirche. Sie strahlten und dankten uns für alle unsere Gebete. Seither kommen sie regelmäßig von der Siedlung auf dem Berg hinunter in unser Fischerdorf, um am Gottesdienst teilzunehmen. Das Baby liegt dann die meiste Zeit in Basheers Armen, die so überglücklich ist, nun für eine Familie sorgen zu dürfen. Und die ganze Gemeinde freut sich mit!

Suresh *ist Pastor im Fischerdorf Yarada nahe der Großstadt Visakhapatnam. Er gehört zum UCIM-Leitungsteam um Bischof Singh und unterrichtet am Nethanja-Bible-College.*

EINE GEHEIMNISVOLLE FRAU

Ob ich sitze oder stehe – du weißt es, aus der Ferne erkennst du, was ich denke.

Psalm 139,2

Vor vier Jahren kam plötzlich eine Frau in unsere Gottesdienste, die niemand in der Gemeinde kannte. Sie sah immer sehr zufrieden aus und war schön gekleidet. Ich habe mich gefreut, sie zu sehen und dachte, dass bei ihr wohl alles in Ordnung sei. Leider gelang es mir nicht, sie persönlich anzusprechen, weil sie kurz nach Beginn des Gottesdienstes kam, sich leise auf einen Platz setzte und noch während des gemeinsamen Schlussslieds wieder hinausging. Ich vermutete, dass sie aus einer traditionellen christlichen Familie stammte, so routiniert, wie sie wirkte.

Positiv erstaunt war ich, als diese Frau nach ein paar Wochen an unserer vierteljährlichen Gebetsnacht teilnahm. Wir beginnen freitagabends um 20 Uhr und hören am nächsten Morgen um vier Uhr auf. Wir singen und beten, teils allein, teils gemeinsam. Ich sammle immer zu Beginn bei den Teilnehmern persönliche Bitten und Anliegen, für die wir dann gemeinsam beten können. Als ich jene Frau bat, eine Gebetsbitte aufzuschreiben und abzugeben, winkte sie ab und sagte: „Ich habe keine!"

So, dachte ich, okay, ihr geht es wohl wirklich gut und sie kann alles mit Gott bei sich zu Hause in der Familie gut klären. Sie nahm an unseren Gebeten intensiv teil, aber ich sah, dass sie dabei viel weinte. Ich konnte sie nicht ansprechen, weil ich nicht die Gebete der anderen stören wollte. Daher nahm ich mir vor, sie am nächsten Sonntag anzusprechen oder mal zu besuchen; aber ich wusste nicht, wo sie wohnte, und die anderen sagten mir, dass sie nicht aus Yarada ist.

Aber am nächsten Sonntag kam sie nicht in den Gottesdienst. Vergeblich suchten meine Augen sie in unserer Kirche. Auch in den nächsten zwei Wochen kam sie nicht mehr in den Gottesdienst und nicht zu den Freitagabendtreffen. Auch die anderen Gemeindeglieder hatten sie nicht gesehen. Doch am dritten Sonntag war sie wieder da. Damit sie mir nicht entging, aber weil ich ihren Namen nicht kannte, sagte ich vor dem Schlusslied: „Die Schwester in der dritten Reihe auf dem vierten Platz möge bitte noch dableiben, damit ich mit ihr reden kann." Nach dem Schlusslied, bei dem sie sonst immer aufstand und ging, blieb sie tatsächlich sitzen. Als ich zu ihr kam, stand sie auf und ging zwei Schritte zurück. Sie hatte große Scheu, mit mir zu sprechen, weil ich von der Abendmahlsfeier noch den weißen Talar trug. Ich sprach sie mit dem bei uns Christen üblichen Gruß „Praise the Lord" an und wollte ihr die Hand geben, aber sie ging auf ihre Knie und sagte: „Berühre mich nicht, Pastor, ich bin eine Sünderin!"

Ich bekam eine Gänsehaut und Tränen in die Augen. Ich spürte ihre zu große Hochachtung wegen meines priesterlichen Gewands. Also ging ich nach hinten, legte meinen Talar ab, brachte ihr ein Glas Wasser und setzte mich zu ihr. Ich sagte: „Wir sind alle Sünder. Aber du darfst mir sagen, was dich bewegt, wenn du willst." Sie antwortete: „Herr, mein Name ist Butschi und ich bin kein guter Mensch. Vor fünf Monaten wurde ich aus dem Gefängnis entlassen, wo ich als verurteilte Mörderin jahrelang war, weil ich die Liebhaberin meines Mannes erstochen hatte." Ich war erstaunt, blieb ihr aber freundlich zugewandt. Ich fragte, wie das alles geschehen sei. Da sprudelte ihre tragische Geschichte nur so aus ihr heraus: „Als ich heiratete, war ich eine schöne junge Frau. Mein Mann rühmte mein Aussehen und wollte es aber nur für sich genießen. Er sagte zu mir: ‚Du musst nicht arbeiten gehen. Du bleibst zu Hause, niemand soll dich sehen. Ich versorge dich rundum und ich bringe dir alles, was du brauchst. Du bist die Königin meines Lebens!' So lebte ich gut versorgt in einem schönen Haus und bekam zwei Töchter." Weil das so positiv klang, fragte ich Butschi: „Aber wenn er dich gut versorgt hat, warum kam es dann so weit?"

Sie antwortete: „Um damals den Brautpreis für mich zu bezahlen, haben meine Eltern ihr Haus verkauft und ihm alles Geld gegeben. Dieser hohe Betrag war der eigentliche Grund, warum er mich geheiratet hat. Alle seine Worte klangen zwar schön, aber in Wahrheit hat er mich von Anfang an betrogen. Denn er hatte mich als seine zweite Frau geheiratet. Er war schon mit einer anderen Frau verheiratet, mit der er zwei Kinder hat. Er führte ein Doppelleben und hielt mich wie eine Gefangene. Dass er so oft nicht bei mir war, entschuldigte er mit seiner angeblichen Berufstätigkeit. Doch eines Tages erzählten mir Nachbarn davon, dass er auch noch an einem anderen Ort lebte und dort eine weitere Familie hatte. Als er das nächste Mal kam, stellte ich ihn zur Rede, die ganze Nacht stritten wir. Dann verließ er mich und fuhr zu seiner anderen Frau. Ich aber folgte ihm und fand heraus, wo diese andere Frau wohnt. Ich rannte in das Haus und es gab einen riesigen Streit. Voller Zorn griff ich ein Messer, das auf dem Tisch lag, und wollte meinen Mann erstechen. Aber die andere Frau ging dazwischen und wurde von dem tödlichen Stich getroffen. Sie sank blutend zu Boden. Mein Mann rief den Krankenwagen, aber noch auf der Fahrt ins Krankenhaus starb sie an der tödlichen Wunde. So wurde ich verhaftet und verurteilt und kam ins Gefängnis. Meine Kinder wurden zu meinen Eltern gebracht, die sie versorgten.

Nach vier Jahren wurde ich aus der Haft entlassen. Meine Kinder waren schon größer geworden. Aber in der Schule hatten sie es sehr schwer, weil sie keinen Vater hatten und ihre Mutter als eine Kriminelle galt. Die Nachbarn meiner Eltern lehnten mich ab und mir blieb nichts anderes übrig, als bis ans andere Ende von Visakhapatnam zu ziehen, wo mich niemand kannte. Nach langer Suche fand ich eine Anstellung als Köchin in einem der Offiziershäuser im Marinequartier. Meine Identität und Vorgeschichte habe ich allen verheimlicht. Abends nach getaner Arbeit treffe ich mich immer mit den anderen Hausangestellten und wir haben eine schöne Gemeinschaft. Weil ich mir viele Sorgen um meine Töchter machte, luden mich zwei Frauen, die an Jesus glaubten, ein, mit ihnen in die Kirche unten im Fischerdorf Yarada zu gehen. So kam ich hierher zu euch, Pastor, und ich habe mich von Anfang an wohlgefühlt. Ich spüre immer einen tiefen Frieden, wenn ich mit euch Gottesdienst feiere. Und ich habe begonnen, für meine Kinder zu Jesus zu beten!"

Tief bewegt von ihrer Lebensgeschichte betete ich für Butschi und sie wurde dabei zunehmend ruhiger. Sie ging nach Hause und merkte, dass sich in ihr etwas verändert hatte. Per WhatsApp schrieb sie mir davon und bat mich, auch für ihre Töchter zu beten. Das war ihre erste Bitte um Gebet. Von da an war sie oft bei uns in der Gemeinde, auch durch die schwere Corona-Zeit hindurch.

Dann ereignete sich ein weiterer Vorfall: Ihre ältere Tochter namens Bavana lernte nach ihrem Abitur intensiv auf die Zulassungsprüfung zum Medizinstudium. Tag und Nacht las sie in Büchern. Aber auf einmal war sie blind und konnte nicht mehr sehen, geschweige denn lesen. Das stürzte sie in eine tiefe Depression. Butschi kam zu mir und bat mich um Gebet für Bavana. Das tat ich gerne, aber ich stellte auch einen Kontakt zu einer guten Augenklinik her. Ich begleitete ihre Tochter dorthin und betete vor der Operation. Der Herr schenkte eine erfolgreiche Behandlung, sodass Bavana wieder für die Prüfung lernen konnte. Weil die Zugangsprüfungen für Medizin sehr schwer sind, betete die ganze Gemeinde für sie. Und Bavana war erfolgreich. Auch ihr Vater, der sich nie um seine Kinder gekümmert und jeden Kontakt abgelehnt hatte, war bereit, seinen Personalausweis auszuhändigen, der für die Registrierung an der Universität benötigt wurde. Das war für uns alle ein weiteres großes Wunder.

Als Bavana nach einigen Monaten in ihrem ersten medizinischen Praktikum war, ist ihre Mutter Butschi plötzlich an ihrem Arbeitsplatz zusammengebrochen. Sie wurde in das Krankenhaus eingeliefert, in dem Bavana arbeitete. So konnte sie gleich die richtigen Ärzte dazu bewegen, sich um ihre Mutter zu kümmern. Die Diagnose ergab, dass Butschi einen Tumor im Magen hatte. Er war noch so klein, dass er durch eine sofortige Operation entfernt werden konnte. Allerdings verlor sie dadurch ihre Anstellung als Köchin. Doch durch Gottes Hilfe fand sie eine Tätigkeit am Kaffeeausschank im Offizierskasino. Nach wie vor kommt Butschi in unsere Gottesdienste, so oft es ihr möglich ist, aber meistens muss sie zu diesem Zeitpunkt arbeiten. Doch als Gemeinde sind wir sehr dankbar, dass bei uns Menschen Zuflucht und Hilfe finden.

Suresh *ist Pastor im Fischerdorf Yarada nahe der Großstadt Visakhapatnam. Er gehört zum UCIM-Leitungsteam um Bischof Singh und unterrichtet am Nethanja-Bible-College.*

DER NÄCHTLICHE SCHLANGENBISS

Gefährliche Schlangen und tödliches Gift werden ihnen nicht schaden, und Kranke, denen sie die Hände auflegen, werden gesund.

Markus 16,18

Mani ist 14 Jahre alt und besucht die achte Klasse der Nethanja-Schule in Rajahmundry. Seit einem Jahr ist sie im dortigen Mädchendorf, zuvor lebte sie mit ihrer Familie in einem Dorf in der Nähe der Großstadt Visakhapatnam. Beide Eltern sind Tagelöhner. Ihr Vater ist Landarbeiter, aber er ist oft krank und zu schwach, um zu arbeiten. Der Pastor ihres Dorfes erzählte, dass es Plätze in Kinderheimen der Nethanja-Kirche gibt. Manis Bruder hatte Bedenken, seine Eltern zu verlassen, aber Mani ließ sich diese Chance auf sichere Lebensverhältnisse nicht entgehen. Sie lebte sich schnell und gut ein und fand viele Freundinnen, die mit ihr zur Schule gingen und auch mit ihr im Mädchendorf wohnten. Von zu Hause war Mani gewohnt, auf dem Fußboden zu schlafen. Lange Zeit wurde es auch so in den Kinderheimen gehalten, weil viele Kinder keine Betten kannten. Jetzt gibt es in allen Kinderheimen Betten, dennoch legen sich Kinder manchmal einfach lieber auf den Boden.

Eines Nachts im Sommer gegen ein Uhr erwachte Mani durch einen heftigen Schmerz in ihrer Hand. Als sie das Licht einschaltete, erschrak sie noch heftiger: Eine Giftschlange lag neben ihrer Schlafmatte! Sie hatte

Mani in den Ringfinger der rechten Hand gebissen. Mani schrie laut, alle anderen Kinder und die Betreuerin wachten auf. Sofort wurden die Mädchen zur Sicherheit in eins der anderen Häuser gebracht. Dann verständigten sie Bischof Pratap und seinen Assistenten Arjun. Die kamen sofort und fuhren Mani in das nächste öffentliche Krankenhaus. Dort ist immer Gegengift gegen Schlangenbisse vorrätig. Nach einer Blutuntersuchung war klar, dass sie das Serum benötigte. Zunächst reagierte Mani gut auf die Medikamentengabe und war stabil. Aber am nächsten Tag klagte sie über Bauchschmerzen und zeigte Lähmungserscheinungen. Die Ärzte überwiesen Mani in ein größeres öffentliches Krankenhaus im 70 Kilometer entfernten Kakinada. Leider war diese Klinik überfüllt, sie bekam kein Bett und wurde vom Personal kaum beachtet. Bischof Pratap berichtet: „Wir beschlossen, sie in eine Privatklinik zu bringen. Private Krankenhäuser nehmen normalerweise keine Patienten mit Schlangenbissen auf und so war es eine große Gebetserhörung, dass Mani dennoch dort bleiben konnte. Ein Neurologe nahm sich sofort für sie Zeit und begann mit der nötigen Behandlung. Mani musste 36 Stunden auf der Intensivstation verbringen, dann wurde sie als vollständig gesund entlassen. Wir sehen darin ein Zeichen der Gnade Gottes, wir danken ihm für allen Schutz, den er Mani gegeben hat und wir danken allen Freunden der Nethanja-Arbeit für ihre treuen Gebete.

Wir haben diese Schlange überall in den Häusern des Mädchendorfs gesucht, aber nicht mehr gefunden. Sie muss von unserem Gelände entkommen sein. In der Monsunzeit von Juli bis September ist das Land überflutet und die Schlangen flüchten ins Trockene. Hinter den Mädchenhäusern stand bisher nur ein Zaun, der für Schlangen kein großes Hindernis darstellte. Wir reagierten schnell und ersetzten hinter jedem Haus den Zaun durch eine fast eineinhalb Meter hohe Mauer. Auch legen wir jetzt Wert darauf, dass die Mädchen zu ihrem eigenen Schutz wirklich in ihren Betten und nicht mehr auf dem Boden schlafen." Mani sagt selbst: „Ich bin sicher, dass ich heute nur durch die Gnade Gottes lebe. Ich möchte nach diesem einschneidenden Erlebnis Ärztin werden, um anderen Menschen zu dienen und sie vor schweren Krankheiten und Verletzungen zu beschützen."

Berichtet von **Markus Schanz.** *Er ist württembergischer Pfarrer in Flein und Geschäftsführer von „Kinderheim Nethanja Narsapur / Christliche Mission Indien e.V.".*

AUFERSTANDEN VON DEN TOTEN

Die Träger blieben stehen, und Jesus sagte zu dem Toten: Junger Mann, ich befehle dir: Steh auf!

Lukas 7,14

Schon zwölf Jahre waren Apparao und Susila verheiratet, aber vergeblich warteten sie darauf, Eltern zu werden. Nichts und niemand konnte ihnen bei ihrem Kinderwunsch helfen. Apparao wollte nichts unversucht lassen und kam eines Tages zu mir in die Kirche. Nach dem Gottesdienst wollte er mehr über diesen Gott Jesus wissen, an den wir Christen glauben. Es klang für ihn alles ganz neu und interessant. Mehrere Sonntage besuchte er unsere Gottesdienste. Nachdem er wiederholt gehört hatte, dass Jesus auch heute noch Wunder tut, sprach er mich an. „Pastor, wenn ich mich taufen lasse, bekommen meine Frau und ich dann endlich Kinder?" Ich lächelte und sagte: „Nein, so geht das nicht! Gott will nicht, dass wir irgendwelche Tauschgeschäfte mit ihm machen. Er ist kein Händler, der dir etwas verkaufen will. Gott hat uns in Jesus Christus bereits alles geschenkt, was wir zum Leben und im Sterben brauchen. Apparao, du brauchst Jesus persönlich, das ist Gottes Geschenk an dich! Und wenn du zu Jesus gehörst, bleibt es trotz all deiner Wünsche und Hoffnungen allein Gottes Sache, was dann geschieht." Mit leuchtenden Augen sagte Apparao: „Ja, ich möchte ganz zu Jesus gehören und ein Kind Gottes werden!" Kurz darauf ließ er sich taufen und kam weiterhin treu in unsere Gemeinde.

Und auch Gott zeigte seine Treue. Nach einigen Monaten wurde Susila schwanger. Nur selten kam sie mit ihrem Mann in die Kirche. Sie war von Jesus noch lange nicht überzeugt. Aber über ihre Schwangerschaft freute sie sich sehr und wollte nicht ausschließen, dass es mit dem Gott Jesus zu tun haben könnte, von dem ihr Mann immer so begeistert erzählte. Voller Freude wurden sie Eltern einer wunderbaren Tochter. Und zwei Jahre später kam ihre zweite Tochter zur Welt. Viele Verwandte und Bekannte beglückwünschten sie zu ihren beiden Kindern, nachdem sie so lange hatten warten müssen. Aber manche meinten auch: „Was euch zu eurem Glück noch fehlt, ist ein Sohn. Dann erst seid ihr wirklich gesegnete Menschen!"

Noch immer werden Söhne in unserer Gesellschaft für wertvoller gehalten, denn Töchter kosten Geld. Wenn sie mit der Heirat das Elternhaus verlassen und dann keinen Beitrag mehr zum Familieneinkommen leisten, ist das in unserer ländlichen Gegend ein echter Verlust. Zudem müssen die Eltern bei der Hochzeit einen hohen Brautpreis an die Eltern des Bräutigams bezahlen. Das ist zwar schon lange per Gesetz verboten, aber niemand hält sich daran. Manche Familie mit mehreren Töchtern hat sich auf Jahrzehnte hinaus hoch verschuldet.

Und nochmals erlebten Apparao und Susila Gottes große Treue: Innerhalb von eineinhalb Jahren bekamen sie noch zwei Söhne. Jetzt waren sie mehr als glücklich. Doch Susila blieb weiterhin zurückhaltend gegenüber unserer christlichen Gemeinde. Sie ging nun ganz in ihrer Mutterrolle auf und meinte, sonntags keine Zeit zu haben, um den Gottesdienst zu besuchen. Apparao aber nahm seine Kinder immer wieder mit in die Kirche. Ajai, der Jüngste, fand zu einem eigenen Glauben an Jesus.

Als Ajai zehn Jahre alt war, klagte er immer wieder über Kopfschmerzen. In dem kleinen Krankenhaus in der Nähe konnten die Ärzte nichts feststellen und vermuteten Wachstumsschmerzen. Aber als Ajai ihnen sagte, dass es sich anfühlt, wie wenn sein Kopf platzt, ahnten sie Schlimmes und überwiesen ihn in ein Krankenhaus, das 120 Kilometer von unserem Dorf entfernt ist. Dort wurde er genau untersucht und eine Röntgenaufnahme von seinem Kopf gemacht. Mit einem traurigen Blick erklärte der Chefarzt den besorgten Eltern, dass in Ajais Kopf ein großer, schnell wachsender Tumor sei, der das Gehirn zusammendrückt. Eine Operation sei nicht nur teuer und riskant, sondern dafür sei es auch schon zu spät.

Die Mutter brach in Tränen aus, aber Apparao griff zu seinem Handy und rief mich an. Sofort organisierte ich ein Gebetstreffen in der Gemeinde. Sie beteten zu unserem Herrn und Heiland. Ich aber setzte mich auf mein Motorrad und fuhr sofort die 120 Kilometer ins Krankenhaus, um der Familie beizustehen. Der Chefarzt wollte nichts unversucht lassen und so blieb Ajai mit seinen Eltern einen Monat lang im Krankenhaus. Die Christen unserer Gemeinde haben abwechselnd rund um die Uhr für Ajai gebetet, ich selbst bin immer wieder ins Krankenhaus gefahren. Dem Jungen ging es immer schlechter. Die Schmerzen waren kaum auszuhalten. Immer öfter versank er in Schlaf und Ohnmacht. Als ich wieder einmal bei der Familie war, sagte der Chefarzt, dass es ihm sehr leidtue, aber er könne Ajai nicht helfen. Ajais Atem war schwach und dünn. Wir saßen an seinem Bett. Ich hatte die Hoffnung noch nicht aufgegeben und rief meine Frau an, dass sie zu Hause die ganze Gemeinde zum Gebet zusammenrufen soll. Doch drei Stunden später erklärte uns der Chefarzt, dass Ajai verstorben ist.

Nach einer letzten Untersuchung mit Feststellung des Todes musste dann alles ganz schnell gehen. Wir sollten sofort gehen und den toten Jungen mit nach Hause nehmen. Wir organisierten einen Pritschenwagen, auf den wir Ajai betteten, seine Eltern nahmen neben ihm Platz, ich fuhr auf meinem Motorrad hinterher. Als wir an den Ortsrand unseres Dorfes kamen, hielt der Fahrer an und hob den Jungen herunter, denn es war verboten, einen Toten ins Dorf zu bringen. So lag der Leichnam am Straßenrand, während weitere Familienangehörige hinzukamen. Auf der Straßenseite, wo Ajai lag, war die Macht des Todes zu spüren und der Schmerz der Trauer fast unerträglich. Aber auf der anderen Straßenseite war unsere Kirche, in der die Gemeinde immer noch beisammen war und zu Gott um Heilung betete. Ich hatte in der Hektik im Krankenhaus völlig vergessen, meine Frau anzurufen und ihr Ajais Tod mitzuteilen. Ich spürte diesen krassen Gegensatz zwischen Tod auf der einen und Hoffnung auf der anderen Straßenseite. Plötzlich wusste ich, dass das letzte Wort noch nicht gesprochen war. Ich kniete mich neben den Jungen, legte meine Hand auf seine kalte Stirn und betete laut, dass Jesus sich seiner und der ganzen Familie erbarmen solle. Einige der Angehörigen und Nachbarn lachten mich aus, aber ich sprach Worte des Segens. Dann hoben sie die Bahre mit Ajai auf und gingen Richtung Friedhof. Plötzlich schrie Ajai laut auf. Er öffnete die Augen und wusste nicht, was gerade mit ihm geschah. Fassungslos nahmen wir den Jungen und brachten ihn in sein Elternhaus. Er war noch sehr schwach und benommen, aber schon nach wenigen Tagen der Pflege und stärkender Ernährung konnte er aufstehen. Er hatte keine Schmerzen mehr, der Druck in seinem Kopf war völlig verschwunden. Zur Sicherheit wurde er noch einmal geröntgt – aber von dem Tumor war keine Spur mehr zu finden! Apparao konnte nur noch „Halleluja" rufen. Seine Frau Susila kam mit ihren drei älteren Kindern zum Glauben an Jesus, der heute noch Wunder tut und den Tod besiegt.

Damit die beiden Söhne eine gute Schulausbildung erhalten können, sind sie seit letztem Jahr im Nethanja-Kinderheim in Visakhapatnam und besuchen die Eastern Visakha High-School

Johnson *ist Pastor in Himalaram und Vorsitzender der Komanapalli Pastors' Fellowship.*

FÜR JESUS UNTERWEGS

Freut euch über die Hoffnung, die ihr habt. Wenn Nöte kommen, haltet durch. Lasst euch durch nichts vom Gebet abbringen.

Römer 12,12

Ich stamme aus dem Bundesstaat Orissa (heute Odisha). Alle meine Verwandten sind Hindus, ich bin die einzige Christin. Als ich meinen Mann David geheiratet habe, glaubte ich noch nicht an Jesus Christus. Doch als ich das zweite Mal schwanger war, fand ich durch meinen Mann zu Jesus. David besuchte die Nethanja-Bibelschule bei Bischof Singh. In dieser Zeit wohnte ich bei meinen Eltern und versorgte unsere Kinder. Nachdem David mit seinem Studium fertig war, wurde er Evangelist in Marrigudem. Eine kleine Hütte diente uns dort als erste Kirche. Unsere Familie wuchs und schließlich hatten wir drei Töchter und einen Sohn.

Aber es waren gefährliche Zeiten. Die Naxaliten störten sich sehr an unserer christlichen Verkündigung. Für meinen Mann David wurde es lebensgefährlich, sie hatten ein Preisgeld auf seinen Tod ausgesetzt. So floh er in die Berge, um sich zu verstecken. In dieser Not bin ich immer wieder an den nahen Siler-Fluss gegangen, um dort zu beten. Das hat mir viel Kraft gegeben. Ich begriff auch immer mehr aus der Bibel, weil der Heilige Geist mir ein Verständnis für diese Texte gab, obwohl ich nie Theologie studiert hatte. Das ermutigte mich, für unsere kleine Kirchengemeinde, vor allem für die Frauen, sonntags Gottesdienste anzubieten, obwohl ich keine Pastorin war.

Die Naxaliten kamen regelmäßig, um mich nach Davids Aufenthaltsort zu fragen. Ich verriet nichts, stattdessen betete ich immer mutig für sie und habe ihnen die Hände zum Segen aufgelegt. Mich inspirierte, dass auch Jesus am Kreuz für seine Feinde gebetet hatte. Ich sagte zu den bewaffneten Kämpfern: „Ich bete jetzt für dich. Mir ist egal, ob du ein Gewehr hast oder nicht, dafür bist du selbst verantwortlich. Ich aber bete für dich!" Es war erstaunlich, selbst die hartgesottensten Männer nahmen meinen Segen an und ließen mich in Ruhe.

David hatte sich in den Bergen des Siler-Dschungels versteckt. Er wechselte ständig zwischen sieben verschiedenen kleinen Orten, damit ihn die Naxaliten nicht aufspürten. Er fand immer wieder Obhut bei freundlichen Familien, die gerne für sich beten ließen. So oft es ging, habe ich ihn besucht, dabei musste ich lange Fußmärsche bewältigen. Einmal stand der Weg in der Regenzeit bis zu meiner Hüfte unter Wasser. Da biss mich eine Giftschlange. Die Leute behaupteten, ich würde sterben. Aber David hat das Gift ausgesaugt, die Wunde verbunden und für mich gebetet. Wie ihr seht, hat Gott die Gebete gehört und mich überleben lassen. Das geschah im Dorf Goreluru. Die Dorfbewohner waren erstaunt und wollten noch mehr von diesem starken Gott Jesus hören. Sie baten uns, bei ihnen zu bleiben und von Jesus zu erzählen. Von Marrigudem nach Goreluru ist es ein weiter Weg, aber wir haben uns entschieden, in beiden Gemeinden regelmäßig präsent zu sein. Die Leute in Goreluru waren darüber erstaunt, dass ich so viele Unannehmlichkeiten auf mich nahm. Ich antwortete: „Das machen wir alles nur, damit ihr von Gottes Liebe erfahrt." So konnten wir dort eine Gemeinde gründen. Zuerst hatten wir nur eine kleine Hütte, um uns sonntags zum Gottesdienst zu versammeln, aber im Jahr 2019 durften wir eine richtig schöne Kirche einweihen und drei Jahre später auch in Marrigudem.

Als mein Mann David sechs Monate lang an den Nieren erkrankt war und keine Dienste tun konnte, habe ich die Gemeinden besucht. Stundenlang war ich unterwegs, aber die Menschen haben gemerkt, wie sehr ich sie durch Jesus liebe. Immer mehr öffneten sich für die Botschaft von Jesus. So konnte Jesus mich gebrauchen, um weitere Gemeinden zu gründen. Ich predige wenig, aber ich bete viel für die Menschen, für mich im Stillen und in ihren Hütten.

Nachdem die Kinder aus dem Haus waren, wollte ich sehr gerne vollzeitlich im Dienst für Jesus arbeiten, auch um zu taufen und Abendmahl zu halten. Doch in der Nethanja-Kirche war das bisher nicht möglich, selbst mein Mann hatte mich in diesem Wunsch gebremst. Deshalb trug ich diese Bitte immer nur im Herzen und habe sie nie unserem Bischof mitgeteilt. Doch dann kam Bischof Singh ganz überraschend auf mich zu und sagte, dass er mich mit drei anderen bewährten Bibelfrauen zur Pastorin einsetzen möchte. Bei dieser Nachricht habe ich vor Freude geweint. Auch bei meiner Ordination am 12. Januar 2023 war ich überwältigt von Freudengefühlen. Zu diesem Festgottesdienst lud ich alle meine Verwandten ein, die mich früher wegen meines Glaubens verspottet hatten. Nun durften sie erleben, wie Gott mich als Frau wertschätzt und für seinen Dienst gebraucht.

In unserer Gemeinde führen wir an jedem ersten Wochenende im Monat eine Gebetsnacht durch. Wir beginnen am Samstagabend und beten die ganze Nacht über durch bis zum Sonntagmorgen. Dann feien wir im Gottesdienst gemeinsam das Abendmahl. Zum ersten Mal in meinem Leben habe ich es diesen Februar geleitet. Zuvor hatte ich dafür nicht die innere Freiheit und auch nicht die offizielle Erlaubnis der Nethanja-Kirche. Aber jetzt darf ich genau das tun, was Gott mir aufgetragen hat, und in Zukunft möchte ich vor allem Frauen taufen. In unserer Kultur berühren fremde Männer und Frauen einander selten. Da ist es eine große Hilfe, wenn Frauen bei der Taufe nicht von Männern untergetaucht werden. Tatsächlich freuen sich viele Frauen in unserer Gemeinde sehr, dass ich sie jetzt offiziell als ihre Pastorin begleiten darf. Das ist ein großer und wichtiger Schritt in der Nethanja-Kirche – genau zur richtigen Zeit!

Darf ich noch von einem Erlebnis vom letzten Silvester berichten? In der Nähe von Marrigudem gab es einen Zauberpriester, der in sieben Dörfern seine Dienste angeboten hat. Er litt seit einem Jahr an schlimmen Ausschlägen, seine eigenen Rituale und Zaubereien konnten ihm nicht helfen. So bat er mich verzweifelt um meine Gebete. Das tat ich gerne, weil ich keinen Unterschied mache, wer mich bittet. Und der Herr hat Heilung geschenkt. Voller Freude wandte sich der Mann von seinen Göttern und Dämonen ab und unserem Herrn Jesus zu. Seither wohnt er bei uns in der Kirche in Marrigudem und ich versorge ihn mit, denn er darf sich nicht mehr in den sieben Dörfern blicken lassen. Sie würden ihn verfolgen, weil er nicht mehr den alten Göttern huldigt und seiner Zauberkraft abgeschworen hat.

Ja, wir kämpfen mit dunklen, unsichtbaren Mächten, die Menschen durch Zauberei seelisch krank machen und zerstören. Auch wir spüren immer wieder, wie finstere Kräfte uns angreifen, aber Jesus ist stärker. Durch ihn erleben wir immer wieder große Bewahrung: vor den Naxaliten, vor den Zauberern, in Krankheiten und auch vor wilden Tieren.

Als ich vor vielen Jahren auf dem Weg nach Goreluru war, stand auf einmal ein Tiger mitten auf dem Weg. Er war besonders gefährlich, weil er das kleine Kind auf meinem Arm gewittert hatte, was ihm eine besonders schmackhafte Beute zu sein schien. Ich habe laut im Namen des Herrn Jesus gebetet und plötzlich tauchten bewaffnete Männer auf, die auf Wildschweinjagd waren. Wir kannten uns. Lautstark verscheuchten sie den Tiger und begleiteten mich mit ihren Waffen als schützende Eskorte den restlichen Weg nach Goreluru. Ja, manchmal sieht Gottes Schutz auch sehr menschlich aus, wird aber von ihm geschickt!

Satschiwa *ist ordinierte Pastorin der Nethanja-Kirche. Sie lebt und arbeitet gemeinsam mit ihrem Ehemann Pastor David in Marrigudem im Siler-Dschungel im Grenzgebiet der Bundesstaaten Andhra Pradesh und Odisha. Gemeinsam sind sie für vier Nethanja-Gemeinden verantwortlich.*

GELD ODER JESUS?

Wenn ein böser Geist einen Menschen verlassen hat, zieht er durch öde Gegenden und sucht einen Ruheplatz, findet aber keinen. Dann sagt er sich: Ich will wieder in mein Haus gehen, das ich verlassen habe. Er kehrt zurück und findet das Haus leer, sauber und aufgeräumt.

Matthäus 12,43-44

In unserem Dorf Kotturu lebt Lakschmama. Sie hatte eine besondere Gabe, denn sie konnte den Menschen die Zukunft voraussagen oder in unklaren Situationen die Wahrheit erkennen. Deshalb haben die Leute im Dorf sie um Weissagungen gebeten und dafür gut bezahlt. Als wir in der Gemeinde eine Predigtreihe zu den Früchten und Gaben des Heiligen Geistes hatten, wie sie in Galater 5,22-23 beschrieben sind, wurde uns klar, dass Lakschmamas Wahrsagegabe nicht von Gott herrührte, sondern von einem Dämon. Daraufhin gingen einige Christen zu ihr und boten ihr an, für sie zu beten, damit sie frei würde von dem Geist. Als sie sagten, dass sie im Namen Jesu beten würden, schrie Lakschmama vor Schmerzen auf. Sie sagte: „Hört auf damit, diesen Namen zu nennen. Wenn ihr mich in Frieden lasst, dann bekommt ihr all mein Geld. Dort drüben in der Nachbarhütte stehen zwei Eimer mit Geld. Nehmt das und verschont mich!"

Als die Gemeindeglieder zu mir kamen und davon berichteten, überlegten wir gemeinsam, wie viel Gutes wir doch mit diesem Geld tun könnten. Wir hatten ein paar arme Witwen, die wir damit gut versorgen könnten oder begabte Kinder aus armen Familien, denen wir das Schulgeld für ein College bezahlen könnten und unser Kirchengebäude müsste endlich mal richtig renoviert werden. Wir fragten uns, ob dieses Angebot nicht sogar von Gott kam. Wir beteten über dieser Frage und spürten, dass es wichtiger war, die Seele dieser Frau zu retten, als Geld zu haben. Also setzten wir unsere Gebete für Lakschmama fort. Sie aber wurde unruhig und beschloss, unser Dorf zu verlassen. Sie nahm ihr Geld und ein paar Habseligkeiten und zog in ein anderes Dorf. Ich habe mich mit meinem Kollegen Supervisor Padmaka Rao beraten, was zu tun sei. Er bot mir an, mich zu Lakschmama zu begleiten.

Sie war überrascht, als sie mich vor ihrem neuen Heim stehen sah, doch sie lud uns ein hereinzukommen. Nach einem intensiven Gespräch über Jesus erlaubte sie uns beiden, für sie zu beten und dem Geist zu gebieten, sie zu verlassen. Das taten wir und Jesus befreite Lakschmama. Sie beschloss, nach Kotturu zurückzukehren, und wurde ein treues Gemeindeglied. Ihre zwei Eimer mit Geld hat sie unseren Gemeindeältesten anvertraut. Noch bevor wir gemeinsam überlegen konnten, was wir mit dem Geld Gutes tun könnten, begann die Corona-Pandemie. Weil alle Tagelöhner ihre Arbeit verloren hatten, konnten wir mit dem Geld viele Familien vor dem Verhungern retten!

Eine andere interessante Frau in Kotturu war Bangarama, sie hatte in unserem Ort ein hohes Ansehen, war Ratgeberin und bekleidete öffentliche Ämter als Dorfrichterin und Gemeinderätin. Sie lebte eine gute Ehe und an den Festen zu Ehren der Naturgötter war sie an den Zeremonien leitend beteiligt. Doch von einem Tag auf den anderen änderte sich alles. Sie war plötzlich von einem Dämon besessen und redete von irgendwelchen anderen Göttern, die angeblich ein blutiges Tieropfer verlangten. Auch ihr Äußeres veränderte sich. Zuvor war sie eine sehr gepflegte Erscheinung, jetzt aber verwahrloste sie zusehends und war völlig ungepflegt. Ihr Mann und ihre erwachsenen Kinder, die sie bisher sehr geachtet hatten, bekamen nun Angst vor ihr, weil sie in den Phasen der Besessenheit alles zerstörte, was ihr in die Finger kam. Zum Glück gab es auch immer wieder Zeiten, in denen sie ganz normal war. Ich nutzte diese Phasen, um sie zu besuchen. Ich habe ihr von Jesus erzählt, der alle Macht hat über böse Geister und sie hörte mir interessiert zu, denn sie merkte selbst, dass mit ihr etwas nicht stimmte. Aber dann kamen wieder jene Zeiten, in denen sie von der bösen Macht ergriffen wurde. Auf Bitten der Familie kam ich in ihr Haus und betete für Bangarama. Ich gebot dem Dämon im Namen Jesu und sie wurde merklich ruhiger. Als es einmal ganz schlimm war, nahm ich die Gemeindeältesten mit und gemeinsam beteten wir mehrere Stunden für die besessene Frau. Wir befahlen dem Geist in Jesu Namen, sie zu verlassen. Und tatsächlich wurde sie frei!

Bangarama versprach, von nun an zu unseren Gottesdiensten und Gebetsabenden zu kommen, was sie auch einige Monate tat. Dann blieb sie weg, was uns in der Gemeinde zwar gewundert hat, aber niemand fiel es ein, sie zu besuchen und nachzufragen, warum sie nicht mehr kam. Schließlich bat uns ihre Familie, unbedingt zu ihnen zu kommen. Was wir dort antrafen, war erschreckend. Bangarama war wieder von einem bösen Geist besessen, aber viel schlimmer als zuvor. Ich dachte sofort an das Jesus-Wort, dass jemand bei einer erneuten Besessenheit viel schlimmer dran ist. Die Frau hatte einen verzerrten Gesichtsausdruck, sie zuckte und zitterte am ganzen Körper. Wenn sie sprach, war nicht ihre normale Stimme zu hören, sondern tiefe, schrecklich klingende Laute. Sie, oder besser gesagt der Dämon in ihr, forderte ein erneutes blutiges Opfer, aber kein Tier, sondern ihr eigenes Enkelkind. Vorsorglich hatten die Familienangehörigen bereits alle Messer weggeräumt und versteckt, aber ruhelos irrte die arme Frau in der Hütte umher. Gemeinsam mit der Familie haben wir viel gebetet.

An einem Tag gab mir Gott besonders viel Glaubensmut und ich rief: „Im Namen von Jesus Christus befehle ich dir, dass du deinen Namen nennst!" Bangarama fuhr zu mir herum, ging auf die Knie und die tiefe Stimme gurgelte einen Namen hervor. Ich sprach weiter: „Im Namen von Jesus Christus befehle ich dir, dass du diese Frau verlässt und an den Ort zurückkehrst, wo du hingehörst!" Wir hörten einen eigenartigen Schrei, dann sank Bangarama kraftlos in sich zusammen. Wir hoben sie auf und legten sie auf ihr Bett. Sie schlief einen langen gesunden Schlaf, dann stand sie am nächsten Tag auf, wusch sich, kleidete sich frisch und sah aus wie früher. Sie war vollkommen befreit und bat mich, dass sie so schnell wie möglich getauft würde, damit kein böser Geist mehr in sie kommen konnte.

Die Taufe von Bangarama mitsamt ihrer ganzen Familie im November 2022 war ein großes Freudenfest, nicht nur für Bangarama, sondern für das ganze Dorf. Wir Christen haben gelernt, niemanden aus der Gemeinde mehr allein zu lassen, wenn er nicht mehr kommt. Zu Gemeindegliedern, die wir nicht mehr in der Kirche sehen, müssen wir Kontakt aufnehmen, uns nach ihnen erkundigen und für sie da sein.

Rajkumar *ist Pastor im Dschungeldorf Kotturu. Sein Vater war einst der erste Christ in diesem Ort. Er gehört zur Gudem Pastors' Fellowship unter der Leitung von Supervisor Padmaka Rao.*

UNSCHULDIG VOR DEM TRIBUNAL

In deine Hände gebe ich meinen Geist. Du hast mich erlöst,
HERR, du treuer Gott!

Psalm 31,6

Vor Kurzem habe ich in unserem weitläufigen Dschungel ein Bergdorf besucht. Ich hatte von anderen gehört, dass dort noch nie die frohe Botschaft von Jesus erzählt wurde. Als Nethanja-Kirche haben wir das Prinzip, dass wir nur in solche Dörfer gehen, wo es noch keine Christen gibt. Wenn wir erfahren, dass eine andere christliche Kirche bereits begonnen hat, dort das Evangelium zu verkünden, gehen wir nicht hin. Wir wollen keine Konkurrenz sein, sondern Unerreichte erreichen. Leider halten sich andere Missionare nicht an dieses Prinzip. So kommt es immer wieder zu unschönen Situationen, dass aggressiv werbende Missionare unsere Christen von der Nethanja-Kirche weglocken wollen und das bei ihrer Missionsgesellschaft als große Bekehrungserfolge darstellen. Das machen wir ganz bewusst nicht. In diesem Dorf war noch nie ein Christ gewesen, um von Jesus zu berichten, deshalb ging ich hin und war gespannt, was mich dort erwarten würde.

Leider erwartete mich nichts Gutes: Dieses Dorf war ein Geheimversteck der Naxaliten. Als ich mich auf den Dorfplatz stellte und Jesus-Lieder zu singen begann, umringten sie mich mit ihren Gewehren und Messern. Einer von ihnen erkannte mich sofort als Pastor und sie legten ihre Gewehre auf mich an – einer zielte auf meinen Kopf, ein anderer auf meinen Bauch. Ich blieb regungslos stehen und betete innerlich: Herr, in deine Hände befehle ich mich!

Nach kurzer Diskussion untereinander senkten sie ihre Gewehre und ich wurde gefesselt. Sie stellten mich vor ihr Tribunal, das sie in ihrer kommunistischen Terminologie immer „Volksgericht" nennen; nur mit dem Problem, dass kein „Volk" die Entscheidungen traf, sondern die Kommandeure der Naxaliten. Ihr Urteil stand von vornherein fest und sie sagten das, was ich im Grunde genommen schon erwartet hatte. „Du hast die Wahl: Entweder wir töten dich sofort oder wir lassen dich gehen und du kommst nie wieder, um von deinem Bibel-Gott zu erzählen! Wir lassen uns in unserem gerechten Kampf nicht von dir und deiner schlechten Religion aufhalten!"

Da stand einer aus dem Tribunal auf, ein ehemaliger erfolgreicher Kämpfer mit Namen Sannam, der das Recht hatte, im Volksgericht mitzuentscheiden. Er setzte sich für mich ein und sagte: „Dieser Chantarao ist doch nicht unser Gegner! Er hat nichts gegen unsere Bewegung gesagt. Er wollte uns nur von seinem Jesus erzählen, der ein Gott der Liebe ist. Ich kenne ihn. Er ist einer, der unsere Kinder liebevoll aufnimmt und für sie sorgt. Meine Tochter zum Beispiel ist eins von diesen Kindern, die von der Nethanja-Kirche im Kinderheim in Gudem eine sehr gute Versorgung bekommen. Chantarao und der Kinderheimleiter haben noch nie danach gefragt, was die Väter dieser Kinder tun. Sondern wie Jesus es getan hat, werden die Kinder in Liebe aufgenommen."

Eine Zeitlang herrschte erstauntes Schweigen im Volksgericht. Die einen staunten, dass einer ihrer Kommandeure ein Kind in einem christlichen Kinderheim untergebracht hatte, wo sie doch alle gegen Religion waren. Andere waren überrascht, dass diese Christen freundlich und sogar gegenüber ihren Feinden so vorbehaltlos sind, dass sie deren Kinder liebevoll aufnahmen. Die ersten begannen miteinander zu tuscheln, ob sie denn wohl auch ihre Kinder in dieses Kinderheim bringen könnten, wo die Kinder weitaus besser untergebracht waren als in diesem abgelegenen Bergdorf ohne Schule.

Da erhob sich der Vorsitzende und sagte: „Chantarao, weil sich Sannam, einer von unseren angesehenen Leitern, für dich eingesetzt hat, lassen wir dich frei. Aber du darfst trotzdem nicht mehr zu uns kommen. Hier ist kein Platz für deine Religion. Doch wenn du versprichst, dass zum neuen Schuljahr zwei Kinder aus unserem Dorf in euer Kinderheim aufgenommen werden, dann überlegen wir es uns nochmal, ob du nicht doch noch von deinem Jesus erzählen darfst, der die Kinder so sehr liebt!" Mir wurden die Fesseln abgenommen und ein paar Eltern drängten sich um mich, um noch mehr von unserem Kinderheim zu erfahren. Dann aber winkte Sannam mich zu sich in eine stille Ecke und sagte: „Ich danke unserem Herrn Jesus, dass er mir den Mut gegeben hat, mich für dich einzusetzen, auch auf die Gefahr hin, dass entdeckt wird, dass ich ein heimlicher Jünger Jesu bin! Aber jetzt ist mir klar: Wir brauchen dich und deine gute Botschaft sehr dringend hier. Ich möchte so bald wie möglich getauft werden und mich öffentlich zu Jesus bekennen!"

Tief bewegt legte ich meinen Arm um Sannams Schultern. „Lieber Bruder, du hast mein Leben gerettet. Und wahrscheinlich noch viel mehr Leben, nämlich all derer, die deinem Vorbild folgen werden und zum ewigen Leben finden! An Ostern haben wir die nächste Tauffeier. Da wirst du zur Ehre Gottes getauft werden!"

Chantarao *arbeitet als Pastor in Serpumpallem. Er wird von seinen Kollegen geschätzt, weil er sehr zuverlässig ist. Deshalb haben sie ihm die Kassenverwaltung der Gudem Pastors' Fellowship anvertraut.*

DIE UMKÄMPFTE BAUSTELLE

Das Fundament ist bereits gelegt, und niemand kann je ein anderes legen. Dieses Fundament ist Jesus Christus.

1. Korinther 3,11

Vor etwa sieben Jahren haben wir im Dorf Boduluru mit unserer Missionsarbeit begonnen und eine Hüttenkirche gebaut. Dort arbeitet Prasad als Pastor, er ist verheiratet und hat drei Kinder. Er besuchte die Leute in ihren Häusern und Hütten, erzählte ihnen von Jesus und betet für diejenigen, die das wollen. Zudem schickten wir regelmäßig ein medizinisches Team mit einem Arzt und einer Krankenschwester dorthin. Sie boten den ärmeren Leuten des Dorfs kostenlose Untersuchungen und kleine Behandlungen an — selbstverständlich unabhängig von jeglicher religiösen Zugehörigkeit. Durch die Corona-Krise, während der die Schulen monatelang geschlossen waren, haben viele Kinder enormen Bedarf an Nachhilfeunterricht. So begannen Prasad und seine Frau damit, jeden Abend in der Kirchenhütte Hausaufgabenhilfe für alle Kinder im Dorf anzubieten. Das wurde von den Familien sehr dankbar angenommen. Durch das große Engagement des Pastors wuchs die christliche Gemeinde. Immer mehr Menschen fanden zum Glauben und besuchten regelmäßig die Gottesdienste.

Doch das weckte den Neid einer Gruppe radikaler Hindus, die sich ganz dem politischen Kampf für ihre Religion verschrieben hatten. Sie begannen, sonntags die Gottesdienste zu stören, bedrohten Prasad und befahlen ihm, mit seiner Arbeit sofort aufzuhören. Sie wollten ihm verbieten, die abendliche Hausaufgabenhilfe durchzuführen, aber die Eltern, auch die Hindus unter ihnen, schickten ihre Kinder weiterhin in die Kirchenhütte. Deshalb hatten sich die Radikalen etwas zurückgezogen.

Weil die sonntäglichen Besucherzahlen weiterhin stiegen und die Kirchenhütte viel zu klein wurde, beschlossen wir, an Stelle der Hütte eine größere und stabilere Kirche zu bauen, mit einer guten Stahldachkonstruktion und richtigen Außenwänden. Kaum hatten die Christen damit begonnen, die Hütte abzubrechen und den Platz zu planieren, tauchten die radikalen Hindus wieder auf. Sie schlugen Pastor Prasad und hinderten die Leute daran, auf der Baustelle zu arbeiten. Die Situation war sehr angespannt und gefährlich; wir konnten nur darum beten, dass Gott eingriff. Nachdem der Bau einen ganzen Monat geruht hatte, kam ein Mann zu Pastor Prasad, gestützt auf seine Frau und auf eine Krücke. Prasad erschrak, denn das war Ramu, der Anführer der feindlichen Gruppe und derjenige, der ihn wenige Wochen zuvor geschlagen hatte. Ramu hatte einen Schlaganfall erlitten und war halbseitig gelähmt. Unter Tränen bat Ramu den Pastor um Vergebung, denn er war sich sicher, dass er wegen seiner Taten gegen die Kirchengemeinde so krank geworden war. Es ist typisch für Hindus, so zu denken. Sie sehen immer einen Zusammenhang zwischen ihrem Tun und ihrem Ergehen. Sie glauben, dass es Schicksalskräfte gibt, die das Leben der Menschen beeinflussen und deren Taten belohnen oder bestrafen.

Ramu fragte, ob die Gemeinde für ihn beten könnte. Prasad sicherte ihm das zu, und rief das medizinische Team, um Ramu zu untersuchen. Der Arzt konnte ihm Medikamente geben und die Christen begannen, regelmäßig für Ramu zu beten. Und Gott schenkte ein doppeltes Wunder: Ramu erholte sich erfreulich rasch. Inzwischen kann er wieder langsam gehen und fast deutlich sprechen. Und auch innerlich wurde er gesund. Er hatte mehrmals den Gottesdienst besucht und lange mit Prasad gesprochen. Jetzt will er sich taufen lassen und beim Bau der Kirche mithelfen. Seinen früheren radikalen Freunden gab er klar zu verstehen, dass sie die Christen in Ruhe lassen sollten.

Wir danken Gott für dieses Wunder und gehen nun die liegengebliebene Baustelle wieder fröhlich an. Bisher steht in Boduluru nur das Fundament der neuen Kirche. Doch durch die tatkräftige Mitarbeit der Christen und mit Spenden aus Deutschland können wir hoffentlich bald die Kircheneinweihung feiern.

Pratap Komanapalli *ist ein Bruder von Jeevan und K.R. Singh. Er leitet als Bischof die Nethanja-Shalom-Arbeit in Rajahmundry und vielen umliegenden Dörfern. Seine Frau Sunitha, ihr Sohn Moses und dessen Frau Sowmya leiten die pädagogische Arbeit mit Highschool und Kinderheimen.*

WIE IM HINTERLAND GEMEINDEN WACHSEN

Wenn man euch in den Synagogen vor Gericht stellt oder euch
vor die Behörden und die Machthaber führt, dann macht euch
keine Sorgen, wie ihr euch verteidigen und was ihr sagen sollt.
Denn wenn es so weit ist, wird euch der Heilige Geist zeigen,
was ihr sagen müsst.

Lukas 12,11-12

Nach meinem Studium am Bible-College habe ich zwei Jahre lang als Assistent bei Pastor Prabudas gearbeitet. Weil er auch Supervisor ist, kümmert er sich um andere Pastoren und Gemeinden und war sehr dankbar, dass ich ihn unterstützen konnte. Die Geschichte seiner Gemeinde in Ramanapallem ist ganz außergewöhnlich.

Es ist ein Dorf mit etwa 85 Familien und liegt 60 Kilometer von der großen Stadt Rajahmundry entfernt. Als Prabudas dorthin kam, war es ein Dorf voller Armut und Not. Fast alle Bewohner waren alkoholabhängig und kaum in der Lage, für ihren Lebensunterhalt zu sorgen. Es herrschte eine niedergedrückte und aggressive Stimmung im Dorf. Kein Tag verging, an dem es nicht irgendwo eine Schlägerei gab. Argwöhnisch wurden die Nachbarn beäugt und man konnte das eigene Haus oder die eigene Hütte nie ohne Aufsicht lassen, weil sonst alles gestohlen wurde. Prabudas hat die Familien in ihren Häusern aufgesucht und sich einen Überblick über deren Bedürfnisse verschafft. Gemeinsam mit

Bischof Pratap entwickelte er ein Programm, um den Menschen zu helfen. Ein medizinisches Team, das aus einem Arzt und einer Krankenschwester bestand, kam regelmäßig in das Dorf, um Untersuchungen und kleine Behandlungen durchzuführen. In den Häusern wurden Bettwäsche und Decken verteilt. Die Kinder bekamen Nachhilfeunterricht und die Mütter wurden in Sachen Hygiene geschult. Sonntags stellte sich Prabudas mitten auf den Marktplatz, sang Lieder von Jesus, erzählte biblische Geschichten und betete für die Menschen, die das wollten. Weil die Dorfbewohner Vertrauen zu ihm hatten, hörten sie gerne zu, wenn er darüber sprach, aus welcher Motivation heraus er ihnen so freundlich half.

Nach und nach öffneten sich immer mehr Menschen für die freimachende Botschaft von Jesus Christus und nach ein paar Jahren waren schließlich alle 85 Familien im Dorf Christen geworden. Sie kamen allesamt los von der zerstörerischen Wirkung des Alkohols. Die meisten trinken gar nichts mehr, manche nur noch bei festlichen Anlässen in Maßen. Auch das Miteinander im Dorf hat sich verändert, Streit und Argwohn waren verschwunden. Immer wieder kamen Leute aus einem anderen Dorf zu uns in den Gottesdienst. Sie wollten noch mehr von Jesus hören und fragten Prabudas, ob er nicht auch zu ihnen nach Lakshmipuram kommen könne. Er überlegte kurz und sagte dann zu mir: „Kumar, du hast dich in deinem Dienst sehr bewährt! Ich bitte dich, in dieses Dorf zu gehen und ein Zeuge der Liebe unseres Herrn Jesus zu sein, in Wort und Tat!"

Ich machte mich auf den Weg. Lakshmipuram liegt nur sechs Kilometer von Ramanapallem entfernt. Aber es führt keine Straße dorthin, deshalb gibt es auch keine Buslinie oder die Möglichkeit, mit einer Autorikscha hinzufahren. Wer ein Motorrad hat, kann den schmalen Pfad benutzen. Größere Lasten werden mit Ochsenkarren transportiert. Ich ging zu Fuß ins Dorf und besuchte die Familien, die ich vom Gottesdienst her kannte. Was sich in Ramanapallem bewährt hatte, begann ich auch in

Lakshmipuram: Den Kindern gab ich Nachhilfeunterricht, die Mütter klärte ich gemeinsam mit meiner Frau über Hygiene auf. Ab und zu kam sogar unser medizinisches Team den beschwerlichen Weg dorthin. Sonntags habe ich mit den interessierten Familien in einer Hütte christliche Lieder gesungen, biblische Geschichten erzählt, Predigten gehalten und vor allem viel gebetet.

Mit der Zeit waren es fünfzehn Familien, die sich sonntags zum Gottesdienst trafen. Gemeinsam mit Prabudas durfte ich einige von ihnen sogar taufen. Das war ein besonders bewegendes Ereignis! Doch dann begannen die Schwierigkeiten. Es passte einigen Leuten nicht, dass es nun Christen in ihrem Dorf gab, das doch der Hindu-Göttin Lakshmi geweiht war. Sie befürchteten, dass ihre Göttin, die nach ihrer Vorstellung für das Glück der Menschen sorgte, sich nun abwenden könnte und Unheil über das Dorf bringen würde. Sie kamen zu mir und sagten: „Kumar, wir wollen, dass du unser Dorf wieder verlässt. Wir brauchen dich und deinen Jesus hier nicht. Wenn du weitermachst, passiert dasselbe wie in Ramanapallem, dass am Ende alle Einwohner Christen sind. Das verbieten wir dir!"

Jetzt verstand ich, was ihre größte Sorge war. Sie wollten einerseits nicht an Macht und Einfluss verlieren. Andererseits ahnten sie aber, dass Jesus sie verändern wollte. Ich antwortete freundlich: „Es liegt nicht in meiner Hand, ob sich Menschen Jesus Christus zuwenden oder nicht. Da ist jeder Mensch frei und kann das für sich selbst entscheiden. Aber wer mich fragt, wie er mit Jesus leben kann und Vergebung aller Schuld erhält, dem muss ich Auskunft geben. Daran könnt ihr mich nicht hindern. Wir leben in einem freien demokratischen Land, in dem die Verfassung das Recht auf Religionsfreiheit garantiert!" Ich war selbst erstaunt über meine mutige Antwort und merkte, dass mich in diesem Moment der Heilige Geist geleitet hatte. Erstaunt waren auch die anderen. Mein Hinweis auf die Verfassung unseres Landes brachte sie ins Nachdenken und ich konnte meinen Dienst fröhlich fortsetzen.

Aber nach einigen Wochen kamen sie wieder und bedrohten mich aufs Neue. Es war inzwischen November. Da hatte ich eine Idee und sagte zu ihnen: „Bald feiern wir Christen Weihnachten, das Fest der Geburt unseres Heilands Jesus Christus. So wie ihr jedes Jahr ein Fest zu Ehren eurer Lakshmi feiert, möchte ich mit den Christen hier ebenfalls feiern." Sie aber verboten mir, Weihnachten zu feiern. Am ersten Sonntag im Dezember trafen wir uns in der Hütte einer christlichen Familie zum Gottesdienst. Als ich herauskam, standen mir einige Männer feindselig gegenüber und riefen: „Kumar, wir haben dich gewarnt! Wenn du wiederkommst, dann wirst du den Zorn unserer Göttin Lakshmi zu spüren bekommen. Und vor allem feiere hier kein Weihnachten!" Ich antwortete: „Ihr könnt mir nicht verbieten, mit den Leuten, die das wollen, Weihnachten zu feiern. Ich werde auch mit den Kindern einen besonderen Kindergottesdienst feiern, in dem wir die Geschichte von der Geburt unseres Herrn Jesus spielen werden."

Ich verließ das Dorf, um zu meiner Familie zu gehen. Mit finsteren Gesichtern sahen sie mir hinterher. Für den nächsten Sonntag hatten wir einen adventlichen Abendgottesdienst geplant. Mit Kerzen und schönen Liedern feierten wir die bevorstehenden Weihnachtsfesttage. Danach besprachen wir miteinander, wie wir den Festgottesdienst gestalten wollten und wer was zum Essen mitbringen konnte. Es war spät geworden und sechs Kilometer Fußweg lagen noch vor mir. Als ich über das freie Feld wanderte, hörte ich von hinten ein Motorrad kommen. Ich trat zur Seite und wollte es vorbeilassen, aber als es auf meiner Höhe war, bekam ich einen heftigen Stoß in den Rücken, sodass ich auf den Pfad fiel. Das Motorrad stoppte, drei Männer stiegen ab. Aber sie kamen nicht, um mir zu helfen, im Gegenteil. Im Licht ihrer Handys erkannte ich ihre Gesichter. Es waren die Männer, die mich eine Woche zuvor heftig bedroht hatten. Sie schlugen auf mich ein, einer sprang auf meine Beine, ich hörte ein Knacken, dann bekam ich einen Schlag auf den Kopf und verlor das Bewusstsein.

Ich weiß nicht, wer mich nach Ramanapallem gebracht hat, aber dort rief Prabudas sofort einen Krankenwagen. Der brachte mich nach Rajahmundry in eine Klinik und Bischof Pratap bezahlte die Behandlungskosten. Mein linkes Bein hatte einen komplizierten Mehrfachbruch und ich hatte große Schmerzen. Weihnachten musste ich im Krankenbett verbringen, aber wie ich hörte, haben die Christen in Lakshmipuram trotzdem das Christfest gefeiert.

Sobald ich wieder laufen kann, möchte ich unbedingt wieder zurück in dieses Dorf. Denn der Herr hat eine Gemeinde dort, die durch seine Gnade weiterwachsen wird. Vielleicht können wird dort eines Tages sogar eine Kirche bauen!

Kumar *arbeitet als Pastor der Nethanja-Shalom-Kirche in Lakshmipuram, zuvor hat er am Nethanja-Bible-College in Visakhapatnam studiert. Er ist verheiratet und hat mit seiner Frau zwei Kinder.*

EIN DORF MUSS UMZIEHEN

Sammelt euch vielmehr Schätze im Himmel, die unvergäng-
lich sind und die kein Dieb mitnehmen kann. Wo nämlich
euer Schatz ist, da wird auch euer Herz sein.

Matthäus 6,20-21

Im Dschungelgebiet liegt das kleine Dorf Vadamanimi, in dem alle 21 Familien zum Glauben an Jesus Christus gekommen waren. Alle hatten sich
taufen lassen und als Pastor ging ich regelmäßig zu ihnen, um mit ihnen
Gottesdienst zu feiern. Die Christen dort sangen besonders gerne vor allem fröhliche Loblieder. Sonntags nahmen alle ihre Bibel unter den Arm
oder in die Hand, wenn sie zum Gottesdient kamen, auch die Analpha-
beten. Zu ihrer Taufe hatten sie von der Nethanja-Kirche ihre eigene
Bibel erhalten. Sie war ihr größter Schatz, unabhängig davon, ob sie lesen
konnten oder nicht. So hätte es in diesem kleinen Dorf friedlich weiter-
gehen können, aber eines Tages kam eine bewaffnete, 18-köpfige Naxalitengruppe nach Vadamanimi. Sie trieben uns alle auf dem Marktplatz
zusammen und verteilten ihre Propaganda-Schriften. Danach befahlen
sie, dass wir alle unsere Bibeln und christlichen Liederbücher aus den
Häusern holen und auf einen Haufen werfen sollten. Angesichts der Gewehre, die sie auf uns richteten, blieb uns nichts anderes übrig, als diesem
Befehl Folge zu leisten. So lagen unsere Bibeln und Liederbücher auf dem
staubigen Platz. Sie überschütteten alles mit Petroleum, um die Bücher

zu verbrennen. Großzügig erlaubten sie, dass wir unsere Geldscheine aus den Bibeln herausholen durften, wo die meisten ihr Geld aufzubewahren pflegten. Doch die Leute entgegneten: „Wozu brauchen wir Geld, wenn wir keine Bibeln mehr haben? Das ist doch unser größter Schatz! Geld vergeht, aber Gottes Wort bleibt ewig! Und eins sagen wir euch: Wenn ihr unsere Liederbücher verbrennt, so behalten wir die Lieder dennoch im Herzen. Das Singen könnt ihr uns nicht verbieten!"

Sie befahlen mir, die Bücher anzuzünden und öffentlich zu bekennen, dass alles nicht wahr ist, was darin geschrieben steht. Ich weigerte mich. Entnervt nahmen sie die petroleumfeuchten Bücher, warfen sie in die Kirchenhütte und verrammelten den Eingang mit der Drohung, dass sie jeden erschießen würden, der dieses Gebäude betritt. Schließlich erklärten sie Vadamanimi zu ihrem Stützpunkt und zwangen uns, das Dorf zu verlassen. Wir nahmen alles, was wir tragen konnten, aus unseren Häusern und Hütten mit und begannen ein paar Kilometer entfernt auf einem ehemaligen Reisfeld ein neues Dorf zu errichten. Das war zwar eine harte Arbeit, aber wir hatten einen tiefen Frieden im Herzen.

Dann erfuhr die Polizei, dass die Naxaliten unser ehemaliges Dorf bewohnten. Einem Geheimkommando gelang es, in einem unbewachten Moment in das Dorf einzudringen und einige Naxaliten gefangen zu nehmen. Die Übrigen waren dadurch ziemlich geschwächt. Einige von ihnen wurden kurz darauf auch noch schwer krank. Sie wussten sich keinen anderen Rat, als einen Boten in unser neues Dorf zu schicken mit der Bitte, dass wir zurückkommen, um für sie zu sorgen und zu beten. Wir waren hin- und hergerissen, was wir tun sollten. Schließlich erklärten acht Familien, dass sie nach Vadamanimi zurückkehren würden, um der Bitte der Naxaliten zu entsprechen.

Als sie im Dorf ankamen, erklärten sie: „Wir können für euch sorgen und für euch beten. Aber das geht nur mit unseren Bibeln und Liederbüchern!" Der Kommandeur erlaubte ihnen, die Kirche wieder zu öffnen und die Bücher herauszuholen. Sie sangen und beteten in der Kirche, besuchten die Kranken, die sich in den Hütten einquartiert hatten und Gott erhörte ihre Gebete. Alle Kranken wurden wieder gesund. Zum Dank erlaubten sie den Familien, wieder auf Dauer in Vadamanimi und in ihren Häusern zu wohnen.

Ich selbst blieb mit den anderen dreizehn Familien in dem neuen Dorf. Jetzt gibt es zwei christliche Dörfer in unserer Gegend. Viele Leute aus anderen Dörfern hörten von diesem Ereignis. 86 von ihnen waren innerlich so berührt von dem Mut und der Nächstenliebe dieser verfolgten Christen, dass auch sie zum Glauben an Jesus fanden. So wächst die Gemeinde und weiterhin spielen Lieder und Gebete eine große Rolle. Dadurch kann der Herr viele Wunder tun und die Naxaliten lassen uns in Frieden, weil sie die Kraft Jesu inzwischen fürchten.

Kotarao *ist Evangelist und hält sich zur Nethanja-Kirche der Gudem Pastors' Fellowship.*

WIEDER ZU HAUSE

Nur Güte und Gnade werden mich umgeben alle Tage meines Lebens, und ich werde wohnen im Haus des Herrn für alle Zeit.

Psalm 23,6

Ich bin als Kleinkind hierher nach Visakhapatnam ins Kinderheim gekommen. Irgendjemand hat mich einfach am Eingangstor abgestellt. Die Mitarbeiter haben sich sofort um mich gekümmert. Ich stamme wohl aus Paradesipalem, dem Dorf hinter dem Missionszentrum. Warum ich als Kleinkind hier abgegeben wurde, weiß ich nicht; ich weiß nur, dass meine Eltern sehr arm waren, und dann war ich auch noch ein Mädchen, das nur Geld kostete. Vermutlich war ihnen auch meine Hautfarbe zu dunkel. Sie haben sich nie nach mir erkundigt. Bischof Singh wurde mir zum Vater und seither nenne ich ihn „Daddy", so wie alle Kinderheimkinder. Viele Jahre später habe ich erfahren, dass ich noch eine Tante habe, aber sie ist inzwischen sehr alt und kann sich nicht mehr selbst versorgen. Durch meine Vermittlung kam sie im Nethanja-Witwenheim unter.

Als kleines Kind erlebte ich mit, wie wir Mädchen in das neu gebaute, wunderschöne Mädchendorf in Boyapalem umziehen durften. Getrennt von den manchmal frechen Jungs lebten wir in kleinen Häusern wie eine Familie zusammen mit einer Hausmutter. Ich habe es deshalb auch nie als ein Kinderheim empfunden, sondern als mein Haus, meine Heimat, meine Familie. Die geregelten Abläufe waren für mich nie ein Zwang, das war mein Leben, meine Kindheit. Ich war ein fröhliches Mädchen und wenn andere traurig waren, konnte ich sie oft trösten und wieder zum Lachen bringen.

In den Ferien fuhren viele Kinder zu ihren Verwandten. Ich freute mich, das kleine Ferienlager beim Bischofshaus in Paradesipalem miterleben zu dürfen. Da verbrachten die Kinder ihre Ferien, die keine Verwandtschaft hatten. Meistens waren wir etwa fünf Kinder. Wir haben viel gespielt und gelacht, sogar Daddy Singh hat sich Zeit genommen, um mit uns zu spielen. Wenn deutsche Gruppen im Bischofshaus zu Gast waren, durften wir im Service helfen und uns damit ein kleines Taschengeld verdienen.

Weil es damals noch keine Nethanja-Schule gab, mussten wir an eine staatliche Schule gehen. Dort wurden wir Kinderheimkinder immer wieder benachteiligt. Zudem war es eine sehr schmutzige Schule. Abends und nachts waren dort Ziegen untergebracht und morgens war alles dreckig und hat gestunken. Vor den Lehrern hatte ich immer Angst, vor allem, wenn sie uns nachsitzen ließen. Wobei das kein Nachsitzen war, sondern wir mussten für die Lehrer putzen oder andere Arbeiten erledigen.

An der weiterführenden Schule wurde es dann besser. Ich war eine gute Schülerin und habe sogar Abitur gemacht. Kurz zuvor ließ ich mich taufen und dabei habe ich Gott gefragt, was sein Weg für mich ist. Ich spürte, dass ich ans Bible-College gehen sollte und wünschte mir, später mit Kindern zu arbeiten. Im Studium waren die Psalmen und die Apostelgeschichte meine Lieblingsthemen. Im Jahrgang über mir studierte ein junger Mann namens Sam. Ich fand ihn sehr nett und fragte dann über den Bibelschullehrer Amos meinen Daddy Singh, ob er sich vorstellen könne, dass wir beide zueinander passten. Er gab gerne seine Zustimmung, denn Sam war ein Pastorensohn und auch seine Eltern stimmten zu.

Gleich nach meinem Examen im Jahr 2015 haben wir geheiratet. Bischof Singh war an der Hochzeit in der doppelten Aufgabe als „mein" Vater und Pfarrer beteiligt. Es war im August und die Monsunzeit hatte schon begonnen. Kaum, dass die Traufrage gestellt war, brach ein Wolkenbruch los und wir mussten schnell Ja sagen, bevor wir uns alle unter irgendwelche Dächer flüchteten. Im Nachhinein muss ich darüber immer noch lachen. Es war trotzdem ein sehr schönes Fest. Ich hatte mich aus Liebe für Sam entschieden, obwohl er Leukämie hatte und klar war, dass er wahrscheinlich nicht lange leben würde. Ich hatte gehofft, dass Gott uns viele gute gemeinsame Jahre schenkt, weil wir für ihn im Dienst waren.

Als Pastorenehepaar haben wir die Verantwortung für zwei Nethanja-Gemeinden etwa sechs Kilometer vom Missionszentrum entfernt übernommen. Sam war leider immer wieder krank, deshalb habe ich zunehmend die Gottesdienste geleitet und auch gepredigt. Zudem war ich für die Frauen- und Witwenarbeit zuständig und für die Sonntagsschule. Mein lieber Sam wurde immer schwächer. Er litt unter der Leukämie und die Behandlungen mit Bluttransfusionen halfen immer weniger. Zuletzt kam er ins Krankenhaus und seine Eltern reisten an. Nur eineinhalb Jahre nach unserer Hochzeit starb Sam und er ging in sein himmlisches Vaterhaus. Ich zog zu meinen Schwiegereltern. Sie nahmen mich wie ihre eigene Tochter auf. Das ist in Indien nicht üblich. Oft werden junge Witwen von ihren Schwiegereltern verstoßen, weil sie ihnen die Schuld am Tod des Sohnes geben. Aber meine Schwiegereltern sind Christen und machten mir keinen Vorwurf und weil sie wussten, dass ich keine eigene Familie hatte, war es für sie selbstverständlich, dass ich bei ihnen leben durfte. Es ging mir gut dort und nach einiger Zeit habe ich eine Krankenpflegeausbildung begonnen. Doch dann brach die Corona-Pandemie aus und ich konnte keinen Abschluss machen. Eigentlich wollte ich wieder für Jesus aktiv arbeiten – am liebsten in einem der Nethanja-Kinderheime. Doch wegen Corona ging auch das nicht.

Im Sommer 2022 habe ich meine Schwiegereltern gefragt, ob ich zu Daddy Singh ins Kinderheim gehen darf. Sie haben eingewilligt und ich bin nach Paradesipalem gefahren. Als ich Bischof Singh traf, war ich erschrocken, wie er sich durch die Krankheit äußerlich verändert hatte. Aber an der Art, wie er sich mir sofort zuwandte, habe ich gemerkt, dass er innerlich immer noch derselbe war. Ich erzählte ihm alles, was sich ereignet hatte und noch bevor ich meinen großen Wunsch äußern konnte, bot er mir an, als Hausmutter im Mädchendorf zu arbeiten.

So bin ich heimgekehrt an den Ort, der immer mein Zuhause gewesen ist. Achtzehn Mädchen im Alter von sechs bis sechzehn Jahren wohnen mit mir in einem der Häuschen. Wir leben wie eine Familie sehr intensiv miteinander. Ich bin rund um die Uhr für sie da, außer wenn sie tagsüber an der Schule sind und einmal im Monat, wenn ich für zwei Tage zu meinen Schwiegereltern fahre. Weil ich selbst früher im Kinderheim gelebt habe, merke ich recht schnell, was die Mädchen bedrückt. Sie fühlen sich verstanden und ich kann ihnen gut helfen. Herausfordernd für mich ist manchmal jedoch, dass mein Kollege Naidu, der früher eine Respektsperson für mich war, jetzt ein Kollege auf Augenhöhe ist. Das fühlt sich manchmal noch komisch an. Aber er respektiert mich ganz als Kollegin und sieht nicht mehr das kleine Mädchen in mir, das ich einmal gewesen bin.

Ich freue mich über das neue wunderschöne Jungenheim, das im Januar 2023 direkt neben dem Mädchenheim eingeweiht wurde. Aber das bedeutet auch, dass wir in Zukunft die Jugendlichen stärker überwachen müssen, damit sie die Hausregeln einhalten. Ich sehe es als meine Aufgabe, die Mädchen schon früh in sexueller Hinsicht aufzuklären, um zu vermeiden, dass sie verführt werden. Auch das ist in der indischen Kultur nicht üblich. Als Christen tragen wir in dieser Hinsicht eine große Verantwortung. Zudem freut mich, dass in Zukunft auch das Bible-College auf unserem Gelände sein wird, dann kann ich mit den jungen Studentinnen in guter Gemeinschaft leben.

Ja, ich bin sehr froh, wieder hier zu sein. Denn hier bin ich zu Hause, so wie es auch im Psalm 23 heißt: *Nur Güte und Gnade werden mich umgeben alle Tage meines Lebens, und ich werde wohnen im Haus des Herrn für alle Zeit.*

Miriam *ist eine junge Witwe. Sie war Pastorenfrau und arbeitet jetzt als Hausmutter im Nethanja-Mädchenheim in Visakhapatnam-Boyapalem.*

DER UNTERBROCHENE KIRCHENBAU

Als unsere Feinde hörten, dass wir alles wussten und dass Gott ihre Pläne vereitelt hatte, konnten wir wieder an die Arbeit gehen, jeder an seinen Platz.

Nehemia 4,9

Schon seit vielen Jahren darf ich unserem Herrn Jesus als Pastor dienen. Vater Komanapalli, der Gründer unserer Nethanja-Arbeit, hat mich einst in den Pfarrdienst berufen und im Penuballi-Gebiet eingesetzt. Durch Gottes Gnade sind die Gemeinden gewachsen und so bin ich für zwölf Pastoren und ihre etwa 20 Gemeinden als Supervisor verantwortlich. Im Lauf der Jahre hat sich viel verändert, vor allem müssen wir immer wieder Kirchen bauen. Meistens, weil eine neue Gemeinde gegründet wurde oder weil die bisherige Kirche zu klein ist oder wenn eine Kirche, die selten mehr ist als eine große Ein-Raum-Hütte, im Lauf der Jahre baufällig geworden ist.

Unsere alte kleine Kirche in Tumsalapalli war immer mehr vom Verfall bedroht. Sie lag unterhalb des Straßenniveaus und stand deshalb in der Monsunzeit unter Wasser. Das ging massiv an die Bausubstanz, weil das Fundament dadurch oft unterspült wurde und die Nässe die Wände instabil werden ließ. Schließlich wagten wir uns trotz geringer finanzieller Mittel an den Bau einer neuen Kirche. Wir rissen die alte Kirche ab und füllten den Bauplatz auf, bis wir ein höheres Niveau erreicht hatten.

Doch kaum hatten wir die Arbeit am Neubau begonnen, kamen ein paar feindlich gesonnene Leute und behaupteten, dass dieses Grundstück ihnen gehöre. Im Rathaus haben sie irgendwelche Papiere vorgelegt, die ihren Anspruch angeblich beweisen sollten, und so forderten sie, dass wir die Bauarbeiten einstellen. Wir wussten ganz genau, dass sie logen und dass das Grundstück uns gehört, aber wir konnten die entsprechenden Dokumente nicht finden. In der Zwischenzeit kamen diese Leute immer wieder zu unserer Baustelle, wo wir natürlich weitermachten, und haben uns geschlagen und getreten. Sie wollten uns mit ihren Bedrohungen einschüchtern und vertreiben. Schließlich beugten wir uns dem Zwang und unterbrachen unsere Bautätigkeit, aber umso mehr haben wir gemeinsam gebetet. Wir standen in Kontakt mit Bischof Pratap, der uns ermutigt hatte, mit dem Bauen fortzufahren. Er sagte uns zu, dass Gott gewiss helfen werde.

Nach neun Monaten konnten wir endlich die erforderlichen Papiere finden und haben sie voller Freude dem Bauamt vorgelegt. Wir erhielten die offizielle Baugenehmigung für unsere Kirche und die bösartigen Leute mussten sich kleinlaut zurückziehen. Tatsächlich ließen sie uns in Frieden, weil wir das Recht auf unserer Seite hatten. Voller Freude machten wir uns wieder ans Werk und zusehends wuchs die größere Kirche empor. Überschattet wurde die Bauzeit von der Krankheit eines Jungen aus unserer Gemeinde. Die Ärzte sagten, er werde diese ernste Krankheit nicht überleben. Sofort haben wir unsere Bauarbeiten abermals ruhen lassen und uns regelmäßig zum Beten getroffen. Gott schenkte Gnade: Der Junge überlebte die schwere Krankheit und besucht inzwischen die 9. Klasse. Seine Mutter ist seither so voller Freude und Dankbarkeit, dass sie überall erzählt: „Weil wir zu dieser Gemeinde gehören, ist unser Sohn geheilt! Und Jesus habe ich es auch zu verdanken, dass ich eine Arbeit beim Forstamt erhalten habe."

Wir konnten unsere Arbeit auf der Baustelle wieder fröhlich aufnehmen und inzwischen ist unsere neue Kirche fertiggestellt. Sie steht jetzt leicht erhöht über dem Straßenniveau direkt an der Hauptstraße. Dadurch sind wir als christliche Gemeinde deutlich sichtbar und können ein Zeugnis für Jesus sein. Viele bewundern das schöne Aussehen unserer Kirche. Bei der Einweihung ist sogar der politisch Verantwortliche unserer Gegend vorbeigekommen und hat ein Grußwort gesprochen, obwohl er sonst kein Freund der Christen ist.

Pulaia *ist Pastor und Supervisor im Penuballi-Gebiet, das im Bundesstaat Telangana liegt.*

DIE HEILUNG DURCHS TELEFON

*Auch Kinder sind eine Gabe des HERRN, ja, Fruchtbarkeit ist
ein großes Geschenk!*

Psalm 127,3

In einem unserer Dschungeldörfer lebte ein Ehepaar, das sich sehn-
lichst Kinder wünschte. Endlich wurde die junge Frau schwanger, aber
es kam zu einer Fehlgeburt. Die beiden waren sehr niedergeschlagen.
Ihre Verwandten bedrängten sie und sagten, sie sollten unbedingt zum
Zauberpriester gehen, der den Fluch der Kinderlosigkeit von ihnen nehmen könnte. Sie folgten dem Rat und bezahlten viele Rupien für seine
magischen Riten. Tatsächlich kam es bald zu einer weiteren Schwangerschaft, aber auch dieses Mal verstarb das Kind noch während der ersten
Schwangerschaftsmonate. Wieder wandten sie sich an den Zauberer. Gegen die Zahlung von acht Hühnern erklärte er sich einverstanden, noch
einmal seine Kraft gegen den scheinbaren Fluch der Kinderlosigkeit auf-
zubringen. Doch auch die nächste Schwangerschaft endete frühzeitig mit
einer Fehlgeburt. Der Zauberer verwies sie an eine bekannte magische
Frau mitten im Dschungel, vier Stunden Fußweg entfernt. Sie machten sich auf den Weg und wurden von der bedrohlich aussehenden Frau
empfangen. Aber der Preis für ihr Ritual war viel zu hoch. Das Paar hatte
schon bei dem anderen Zauberer fast alles gegeben, was es hatte. Niedergeschlagen kehrten sie nach Hause zurück. Doch ihre Verwandten legten

alle etwas zusammen, sodass sie die geforderte Summe aufbringen konnten. Voller Hoffnung gingen sie wieder zu der Magierin und erbaten deren Rituale und Beschwörungen. Nach einigen Wochen zeigte sich, dass eine erneute Schwangerschaft begonnen hatte. Die Freude war groß! Dieses Mal schien es der richtige Zauber gewesen zu sein. Doch wenige Wochen vor der errechneten Geburt setzten viel zu früh die Wehen ein und das Kind kam tot zur Welt. Die beiden waren mehr als verzweifelt, die junge Frau hegte sogar Selbstmordgedanken.

Einige Verwandte des Mannes rieten ihm, seine in ihren Augen kranke oder gar verfluchte Frau zu verlassen. Er solle eine andere Frau heiraten, die ihm Kinder zur Welt bringen würde. Doch das lehnte er ab. Als wir Christen von dieser traurigen Situation erfuhren, bin ich mit meiner Frau und einem Gemeindeältesten zu ihnen gegangen. Wir haben versucht, sie zu trösten und boten ihnen an, regelmäßig für sie zu beten. Sie sagten: „Wir haben kein Geld mehr, um eure Gebete zu bezahlen. Die Zauberer haben uns alles gekostet!“ Da antwortete ich: „Wir wollen kein Geld für unsere Gebete! Jesus Christus bietet seine Hilfe allen Menschen umsonst an!“

Da willigten sie ein und wir beteten noch in ihrer Hütte. Von da an besuchten wir sie regelmäßig und beteten für sie. Auch in unseren Gebetsstunden in der Gemeinde jeden Freitagabend haben wir für dieses Ehepaar gebetet. Manchmal haben wir sogar einen Fasten- und Gebetstag für das Anliegen der beiden abgehalten. Und Gott hat unsere Gebete erhört! Die nächste Schwangerschaft verlief ohne Komplikationen und ein wunderschönes Mädchen kam zur Welt. Die Freude währte aber leider nur kurz, denn das Kind war sehr krank. Jeden Monat brauchte es eine Bluttransfusion. Als sie wieder einmal mit ihrer Tochter in der Ambulanz waren, klappte es mit der Transfusion nicht. Der Arzt sagte: „Ich kann nichts mehr für eure Tochter tun. Sie wird innerhalb der nächsten zwei Stunden sterben! Nehmt euer krankes Kind zum Sterben mit nach Hause!“

Sofort riefen mich die beiden an und schilderten ihre große Not. Ich bat sie, ihr Telefon an den Arzt weiterzureichen und sagte ihm: „Bitte behalten sie das Kind in Ihrer Ambulanz. Unser starker Helfer Jesus hat bereits ein Wunder getan, dass dieses Kind überhaupt zur Welt gekommen ist. Jetzt kann er auch ein weiteres Wunder tun, dass das Mädchen am Leben bleibt! Bitte schalten Sie den Lautsprecher des Telefons an und legen Sie Ihre Hand auf die Stirn des Kindes, während ich bete!" Erfreulicherweise hat sich der Arzt darauf eingelassen und so konnte ich im Namen unseres Herrn Jesus laut beten, er möge dem Kind das Leben erhalten und es heilen. Danach bat ich den Arzt, das Kind noch weitere zwei Stunden unter seiner ärztlichen Aufsicht zu behalten. Und tatsächlich: Der Zustand des Mädchens stabilisierte sich. Es konnte ohne Bluttransfusion nach Hause entlassen werden. Auch in den kommenden Monaten brauchte es keine Transfusionen mehr. Der Arzt war erstaunt und bekannte: „Euer Gott hat ein Wunder getan!"

Timoti *war früher Wahrsager, bevor er zu Jesus gefunden hat. Als Pastor leitet er eine Gemeinde im Gebiet der Anantavaram Pastors' Fellowship und arbeitet mit Supervisor Suguna Rao zusammen.*

NACHWORT

Erfahrungen wie die, von denen in diesem Buch berichtet wird, machen unsere indischen Partner der Nethanja-Kirche nahezu jeden Tag. Seit genau 50 Jahren sind wir miteinander unterwegs in Indien, einem Land, das unvergleichlich vielfältig, zugleich aber auch sehr widersprüchlich ist.

Dort arbeitet die Nethanja-Kirche mit den beiden großen Hauptanliegen, den Ärmsten der Armen zu helfen und die frohe Botschaft von Jesus Christus zu verkündigen.

Die Arbeit ist in den fünf Jahrzehnten enorm gewachsen und sehr vielgestaltig; für uns immer wieder ein Grund, zu staunen und Gott dankbar zu sein.

Kinder und Ausbildung

- Neun Kinderheime mit insgesamt ca. 800 Kindern, davon zwei Mädchendörfer
- Drei High-Schools mit insgesamt ca. 2.000 Schülerinnen und Schülern
- Tagesschulen und Hausaufgabenhilfe im Dschungelgebiet
- Ausbildungsstätten für Mechanik: Schlosser, Dieselmechaniker, Elektriker
- Ausbildung für Elektronik und Elektronikwerkstatt
- Krankenschwesternausbildung im dualen System und als College-Studiengang
- Bible-College mit ein- bis dreijährigem Studiengang, zudem Evangelistenkurse
- Nähkurse, auch für Erwachsene

Medizinische und soziale Arbeit

- Missionskrankenhaus mit 65 Betten mit Schwerpunkt Geburtshilfe, innere Medizin und Allgemeinchirurgie, große Ambulanz
- Zentrum für Menschen mit Behinderungen (mit unserem Kooperationspartner „Friedenshort")
- Beratungs- und Therapiezentrum für HIV-Patienten
- Ambulante, aufsuchende Hilfe für HIV-Infizierte
- Mehrere Ambulanzstationen auf dem Land und in Großstadt-Slumgebieten
- Witwenhilfe und Witwenwohnheim
- Versorgung einer Leprakolonie
- Hilfe für Dalits (Kastenlose, „Unberührbare")
- Blindenwerkstätte
- Soforthilfe in Notfällen und bei Naturkatastrophen

Gemeindeaufbau

- Seit 2006 stetig wachsende evangelische „Nethanja-Kirche" mit ca. 1.500 Gemeinden
- 120.000 sonntägliche Gottesdienstbesucher
- Bau von Kirchen und Gemeindezentren
- Unterstützung von Pastoren, Pastorinnen, Evangelisten und Diakoninnen

Diese breit gefächerte Arbeit unterstützen wir von Deutschland aus durch den gemeinnützigen Verein „Kinderheim Nethanja Narsapur / Christliche Mission Indien e.V." mit geistlicher Begleitung, Beratung, Reisen nach Indien und finanzieller Unterstützung.

Unsere Geschäftsstelle ist in 74223 Flein, Theodor-Heuss-Straße 38, Tel. 07131-2797447, Mailadresse buero@nethanja-indien.de. Hier bekommen Sie gerne weitere Informationen.

Sie wollen helfen?

Sehr gerne! Sie können auf vielfältige Weise beitragen:

- Durch Ihr Gebet für die Arbeit
- Durch Interesse an unserem Rundbrief „Nethanja Post" und unsere Internetseite www.nethanja-indien.de
- Durch eine Einzelspende oder einen Dauerauftrag
- Durch Übernahme einer Patenschaft
- Durch Gottesdienste und Informationsveranstaltungen in Ihrer Gemeinde

Spendenkonto:

Volksbank in der Region
IBAN: DE04 6039 1310 0673 0360 06
BIC: GENODES1VBH

Ein ähnlich bewegendes Buch:

Sabine Vogel / Sebastian Roncal

„Weil Gott sie liebt"

Mami Bini und die Familien
von casayohana

208 Seiten, Hardcover
ISBN Buch 978-3-7655-3632-8
ISBN E-Book 978-3-7655-7680-5

Ein aufwühlendes Buch über das Schicksal von behinderten Kindern und misshandelten Frauen in den Hochanden Perus und dem selbstlosen Einsatz der deutschen Krankenschwester Sabine Vogel.

Das Elend behinderter Kinder und misshandelter Frauen in den Hochanden Perus macht Sabine „Bine" Vogel sprachlos. Kinder mit Behinderung werden aus Scham in Abstellkammern versteckt. Acht von zehn Frauen werden regelmäßig von ihren Männern misshandelt. Herausgefordert von der Not beschließt die gelernte Kinderkrankenschwester und Seelsorgerin zu helfen. 2014 gründet sie dafür den Verein und das Hilfsprojekt „casayohana" und bietet therapeutische Hilfe, vor allem für behinderte Kinder und misshandelte Frauen.

Was sie antreibt, ist der tiefe Wunsch, diesen Menschen zu vermitteln, dass sie von Gott geliebt und wertvoll sind und gesehen werden. Heute betreut sie gemeinsam mit ihrem Team etwa 200 Familien.

Brunnen Verlag GmbH
www.brunnen-verlag.de

Buchholz, Martin

Hoffnungsfunken

Geschichten & Gedanken

handliches Hardcover
ISBN Buch 978-3-7655-3619-9
ISBN E-Book 978-3-7655-7310-1

Martin Buchholz erzählt Alltägliches, originell pointiert und immer mit einem Funken Hoffnung gewürzt. Er berichtet selbst Erlebtes und setzt Geschichten aus der Bibel in einen neuen Kontext, ergänzt mit eigenen lyrischen Texten.

Ein Buch, das abwechselnd zum Schmunzeln und ins Nachdenken bringt. Es macht Hoffnung, verbreitet heitere Leichtigkeit und lädt zum Glauben an einen liebenden Gott ein. Unverkrampft, ehrlich und mit ganz viel Charme.

Martin Buchholz ist Filmemacher für ARD und ZDF, Songpoet und Referent. In seinen Texten und Liedern erzählt der Theologe und Grimmepreisträger Geschichten mitten aus dem Leben.

Brunnen Verlag GmbH
www.brunnen-verlag.de